Frédéric Lenoir

Frédéric Lenoir est philosophe, sociologue, historien des religions et chercheur associé à l'École des Hautes Études en Sciences Sociales (EHESS). Il produit l'émission hebdomadaire « Les Racines du ciel » sur France Culture.

Auteur d'une quarantaine d'ouvrages (essais, encyclopédies, romans), traduits dans une vingtaine de langues et vendus à plus de quatre millions d'exemplaires, Frédéric Lenoir écrit aussi pour le cinéma, le théâtre et la bande dessinée.

Retrouvez toute l'actualité de l'auteur sur :
www.fredericlenoir.com
www.facebook.com/pages/Frédéric-Lenoir

DU MÊME AUTEUR
CHEZ POCKET

PETIT TRAITÉ DE VIE INTÉRIEURE
L'ÂME DU MONDE
CŒUR DE CRISTAL

DIEU
Entretiens avec Marie Drucker

L'ÂME DU MONDE

FRÉDÉRIC LENOIR

L'ÂME DU MONDE

NIL

ISBN 978-2-266-24065-9

« L’expérience la plus belle et la plus profonde que puisse faire l’homme est celle du mystère. »

Albert Einstein

Première partie

AU PIED
DE LA MONTAGNE BLANCHE

1

Partir

Ces événements étranges sont arrivés en l'espace de quelques heures.

Le vieux rabbin Salomon était assis dans sa cuisine quand il entendit une voix lui dire : « Va à Toulanka. » Il appela sa femme, Rachel, qui n'avait rien entendu. Il pensa avoir rêvé, mais la voix se fit de nouveau entendre : « Va à Toulanka, ne tarde pas. » Alors il se dit que Dieu lui avait peut-être parlé. Pourquoi lui ? Rabbi Schlomo, comme on l'appelait, était un homme plein d'humour et particulièrement ouvert d'esprit, appartenant au courant libéral du judaïsme. Il avait quitté New York quarante ans plus tôt, avec sa femme et ses quatre enfants, pour venir vivre à Jérusalem. Il étudiait et enseignait avec passion la kabbale, le courant mystique du judaïsme, à une poignée d'étudiants juifs et non juifs. Il demanda à Benjamin, son petit-fils, de regarder sur Internet où se trouvait Toulanka. « C'est un monastère bouddhique au Tibet », répondit le jeune homme. Le kabbaliste resta figé de stupeur. « Pourquoi l'Éternel veut-il m'envoyer à quatre-vingt-deux ans au Tibet ? »

Ansya n'arrivait pas à trouver le sommeil. La jeune femme sortit de sa yourte et contempla le ciel étoilé. Cette nomade, gardienne de troupeau, aimait l'espace infini du ciel, comme elle aimait l'étendue des steppes de Mongolie dans lesquelles elle avait presque toujours vécu. Elle remplit ses poumons d'air pur et rejoignit la yourte qu'elle partageait avec sa tante, une femme chamane qui dialoguait avec les esprits. Quelques années auparavant, la vieille femme avait détecté le don de sa nièce et l'avait initiée. Les gens venaient presque tous les jours consulter les deux femmes. Comme elle était d'une grande beauté et encore célibataire, certains hommes inventaient quelques douleurs imaginaires simplement pour la voir. Ansya quittait alors la yourte pour s'occuper des bêtes et les laissait, dépités, avec sa vieille tante à moitié aveugle. Face aux vrais malades, elle jouait du tambour et convoquait les esprits pour libérer les corps et les âmes. Elle se mettait à danser et entrait en transe. Ce jour-là, elle avait été épuisée par une vision étrange. Alors qu'elle soignait une jeune maman, un esprit lumineux lui était apparu et d'un geste lui avait signifié qu'elle devait partir. Ansya, n'ayant pas compris le sens de ce message, s'en était alors ouverte à sa tante, qui était restée muette. Mais lorsqu'elle regagna la yourte, au milieu de la nuit, la tante assise sur son lit lui dit : « J'ai vu en rêve le lieu où tu dois te rendre. C'est un monastère tibétain à la frontière de la Chine et de l'Inde. Pars dès l'aube. »

À des milliers de kilomètres, le père Pedro fit aussi un rêve. Originaire de Salvador de Bahia, au Brésil, le moine catholique vivait dans l'État américain de l'Oregon depuis plus de vingt-cinq ans. Il avait quitté son monastère trappiste pour un humble ermitage dans la forêt où il comptait bien finir sa vie dans la prière perpétuelle. Et voici qu'il avait vu en songe une petite fille lui ordonner de se rendre sans tarder dans ce monastère tibétain à l'autre bout du monde. Son cœur brésilien croyait en la vérité des songes et au caractère un peu magique de l'existence. Intrigué, il quitta sa cabane et partit pour la Chine.

Ma Ananda, une mystique hindoue, dirigeait un petit ashram dans le nord de l'Inde. Cette femme sans âge et toute en rondeurs avait été reconnue comme une « délivrée vivante », une grande sainte, dès son enfance. Elle n'avait dès lors cessé d'enseigner, sans jamais avoir étudié. Elle prit la route au petit matin, sans même se retourner vers ses disciples, attristés de la voir partir pour un temps et un lieu qu'elle ne mentionna à personne.

Maître Kong expliqua quant à lui à sa femme ce qui lui arrivait. Le vieux sage chinois demeurait avec sa famille non loin de Shanghai. Il avait la charge d'un petit temple taoïste et vivait avec presque rien, passant la majeure partie de la journée assis par terre sur son coussin à enseigner les fondements de la sagesse chinoise à une poignée de disciples, dont quelques Occidentaux. Sans qu'on sache très bien pourquoi, il s'était découvert sur le tard une soudaine passion pour la technologie. Il possédait un ordinateur portable, un téléphone satellitaire, et ses disciples lui avaient offert pour ses soixante-quinze ans un GPS dernier cri, qu'il utilisait une ou deux fois par semaine pour se rendre au village voisin, bien qu'il en connût la route par cœur. Un matin, alors qu'il allumait son GPS, il constata avec stupeur qu'une latitude et une longitude étaient inscrites sur son écran. Intrigué, il vérifia les coordonnées et découvrit un point au Tibet. Ayant acquis la conviction que personne n'avait utilisé son GPS à son insu, il consulta le Yi-King. Le livre des oracles lui répondit : « Il est bon de partir. » Alors, sans hésiter, il embrassa femme, enfants, petits-enfants et s'engagea sur la route pour le Tibet.

Le voyage fut plus éprouvant pour Cheik Youssuf, le fondateur d'une petite confrérie musulmane soufie du Nigeria. Ce géant était resté pétrifié lorsqu'il avait vu les lettres T, O, U, L, A, N, K et A briller d'un étrange éclat à la première page du livre qu'il était en train de lire. Au même moment, le vent avait tourné les pages de son Coran sur la sourate du départ. Cheik Youssuf quitta avec peine sa famille, car sa femme venait d'accoucher de leur cinquième enfant, Leila. Néanmoins la force qui le poussait à partir était trop forte. Il ne savait quels chemins prendre, mais le destin le guida et il alla de signes en rencontres.

Celle qui hésita le plus fut Gabrielle, la philosophe néerlandaise. Professeur de philosophie grecque à l'université d'Amsterdam, elle était une fervente disciple des sages stoïciens et de Spinoza, le plus fameux des habitants d'Amsterdam. Pour cette femme d'une quarantaine d'années, la sagesse était laïque, affaire d'un subtil mélange de raison et d'intuition, et devait avant tout aider à vivre. Elle appartenait aussi depuis quelques années à une loge maçonnique féminine, où elle s'adonnait avec passion à l'étude de la symbolique. Ne parvenant pas à dormir, elle se leva au milieu de la nuit, alluma la télévision et tomba sur une émission consacrée au bouddhisme tibétain. Lorsque le monastère de Toulanka fut évoqué, un frisson la parcourut de la tête aux pieds. Sans savoir pourquoi, une idée fixe s'imposa à elle : tout quitter à l'instant pour se rendre dans ce monastère. Elle prit un somnifère et tenta d'oublier cette obsession. Mais quand, le lendemain, elle croisa dans la rue une dame hurlant à son chien : « Toulanka ! Au pied ! », ses derniers doutes se dissipèrent. Elle prit son téléphone et demanda à son ancien mari de garder leur fille, Natina, pour quelques semaines. Ce dernier refusa car il devait se rendre à un congrès à l'étranger. C'est alors que la jeune fille, qui avait entendu la conversation téléphonique, supplia sa mère de l'emmener avec elle au Tibet. C'était le début des vacances scolaires d'été et elle n'avait pas de contrainte pendant plus de six semaines. Bientôt âgée de quatorze ans, Natina était une adolescente volontaire et curieuse de tout, qui rêvait de voyages lointains. Gabrielle commença par refuser et chercha d'autres solutions. Mais, étrangement, toutes les pistes échouèrent les unes après les autres. La philosophe en tira sereinement la conclusion que le destin en avait sans doute décidé ainsi. Natina sauta au cou de sa mère : « Alors, c'est vrai ? Nous partons au Tibet ? »

2

Le monastère

Le monastère de Toulanka, perché sur un éperon rocheux à près de quatre mille mètres d'altitude et adossé à une montagne entièrement recouverte de neige, était inaccessible en voiture. À une quinzaine de kilomètres se trouvait une petite bourgade. Il n'y avait qu'un seul hôtel, juste en face de la gare routière. C'est là que Rabbi Shlomo, la chamane Ansya, le père Pedro, Ma Ananda, Maître Kong, Cheik Youssuf, Gabrielle et sa fille Natina se retrouvèrent, moins d'une semaine après le début de ces événements.

Étant les seuls étrangers à séjourner dans l'hôtel, ils firent immédiatement connaissance. Le fait qu'ils parlent l'anglais facilita les échanges. Ils furent intrigués de constater qu'ils avaient tous été appelés de manière aussi énigmatique.

Que faisaient-ils ici ? Nul n'avait la réponse. La façon étrange dont ils avaient été « contactés », et qu'ils soient des représentants des principales traditions philosophiques et spirituelles de l'humanité, semblaient indiquer que le destin les avait réunis pour une raison bien précise. Mais laquelle ?

C'est alors qu'un vieux lama tibétain de Toulanka vint les rejoindre. Lama Dorjé était accompagné de deux moines plus jeunes, tenant chacun un cheval. Il écouta leurs récits d'un air grave et leur proposa de charger les bagages sur les chevaux pour se rendre au monastère.

« Nous voulons bien vous suivre, mon ami, mais dites-nous au moins pourquoi nous sommes réunis ici », demanda Rabbi Schlomo sous l'œil approbatif de tous.

Le vieux lama esquissa un sourire :

« J'ai moi-même rêvé il y a trois jours que je devais aller chercher au village sept sages étrangers, quatre hommes et trois femmes, ainsi qu'une jeune fille blonde, pour les conduire au monastère. Pour quelle raison ? Je l'ignore autant que vous ! »

3

Tenzin

Compte tenu de l'âge et de la fatigue de plusieurs sages, le trajet jusqu'à Toulanka dura trois jours et deux nuits. Les marcheurs s'entraidaient dans les passages difficiles du sentier escarpé. Au soir du troisième jour, ils aperçurent enfin le monastère. La beauté du paysage leur fit oublier la fatigue du voyage et le mal de l'altitude qui commençait à gagner certains d'entre eux. Une vingtaine de moines tibétains vivaient sur place sous l'autorité d'un jeune lama de douze ans : Tenzin Pema Rinpoché.

Selon la tradition tibétaine, il avait été reconnu enfant comme la réincarnation d'un grand maître spirituel, Lama Tokden Rinpoché, le précédent chef de ce monastère. Lama Dorjé, le plus proche disciple de Lama Tokden, avait été désigné tuteur de sa nouvelle incarnation. Avant de mourir, Lama Tokden avait demandé qu'on forme son successeur dans une double culture tibétaine et occidentale. Puis il avait laissé des indications symboliques sur le lieu de sa prochaine renaissance. Trois ans après son décès, Lama

Dorjé avait retrouvé la réincarnation de son maître en suivant ses instructions. Des fleurs avaient poussé en plein hiver devant la fenêtre de la masure où l'enfant venait de naître, ce qui avait intrigué les parents, qui étaient de simples paysans. L'enfant était âgé de deux ans lorsque Lama Dorjé se rendit pour la première fois dans sa famille. Il revêtit les habits d'un serviteur et un autre moine joua le rôle du lama. Pourtant, l'enfant ne s'intéressa guère aux moines, mais vint vers le vieux lama déguisé en serviteur et lui dit en souriant : « Lama Toulanka, Lama Toulanka. » Puis il se saisit du chapelet de prière que le lama portait autour du cou et qui avait appartenu à l'ancien chef du monastère et cria avec force : « À moi, à moi ! » Lama Dorjé pleura de joie et ramena l'enfant au monastère avec sa famille. Il conserva son nom de Tenzin, mais on lui ajouta celui de Pema et le titre de Rinpoché, qui signifie « très précieux ». Après quelques semaines passées au monastère, sa famille était repartie, laissant l'enfant au soin des moines. Ils firent venir un lama ayant vécu au Canada pour lui apprendre l'anglais et les fondements de la culture occidentale. Selon les indications de son prédécesseur, le jeune garçon ne fut pas ordonné moine, mais fit les vœux de simple laïc. À sa majorité, il aurait le choix d'une vie laïque ou monastique ; en attendant il partageait la vie des moines et était revêtu de leur robe rouge et jaune.

Dès le premier soir, ils se réunirent sur la terrasse du monastère en présence du jeune garçon. Tenzin prit la parole avec une assurance qui étonna ses hôtes. « Je constate, dit-il, que par des voies mystérieuses, le karma a réuni ici huit sages représentants les principaux courants spirituels du monde : une femme chamane, une philosophe européenne, une mystique hindoue, un maître taoïste chinois, un rabbin kabbaliste juif, un moine chrétien, un maître soufi musulman, sans oublier bien sûr un moine bouddhiste, en la personne de Lama Dorjé. » Le jeune lama marqua un temps d'arrêt et porta son regard vers Natina qui l'observait de ses yeux bleu intense. « Je suis heureux qu'une jeune fille aux cheveux de soleil et aux yeux du ciel vous accompagne. Sans doute, malgré son jeune âge, est-elle aussi dotée d'une profonde sagesse. » Le doux visage de Natina s'empourpra. Tenzin esquissa un sourire et reprit le fil de sa pensée. « Vous êtes tous venus librement, suivant les inspirations que votre cœur avait reçues, sans rien savoir de la raison de ce voyage qui a bouleversé vos vies. Nous ferons tout pour rendre votre séjour le plus agréable possible, même si notre monastère est pauvre et isolé. »

Après un temps de silence, le père Pedro prit la parole : « Nous vous sommes reconnaissants pour la chaleur de votre accueil, Lama Tenzin. Nous ne serons certainement pas incommodés par la simplicité du lieu, bien au contraire. Mais la seule demande qui nous brûle les lèvres est simplement de savoir pourquoi nous sommes ici et pour combien de temps. »

Un murmure approbateur parcourut le groupe des sages.

« Je n'en sais pas plus que Lama Dorjé. Moi-même je n'ai fait aucun rêve et n'ai entendu aucune voix.

— Ne nous inquiétons pas, dit d'une voix douce la chamane Ansya. La force qui nous a menés ici nous dira ce que nous devons y faire.

— Certainement, approuva Ma Ananda. Continuons de nous laisser guider et nous verrons bien.

— Si cela doit durer un certain temps, j'aimerais bien pouvoir prendre des nouvelles de ma famille, lança Cheik Youssuf. Y a-t-il moyen de communiquer avec l'extérieur ?

— Hélas non ! répondit Lama Dorjé. Nous n'avons ni téléphone ni Internet. Le monastère est trop isolé et nous n'en avons jamais ressenti la nécessité. J'espère que vous avez averti vos proches que votre absence pouvait durer…

— Certes, poursuivit Gabrielle. Mais pour ceux d'entre nous qui ont une famille, il ne faudrait pas qu'elle soit trop longue.

— Ne soyez pas inquiets ! lança Maître Kong dans un sourire amusé. Je ne me déplace jamais sans mon téléphone satellitaire et mon ordinateur portable… »

Gabrielle regarda avec stupeur le vieil homme qui semblait venu d'un autre âge. Puis elle partit d'un grand rire communicatif.

« Les problèmes de communication avec l'extérieur étant réglés, je vous propose d'aller déguster notre fameuse farine d'orge grillée : la tsampa », poursuivit Tenzin d'un ton enjoué. Tous acquiescèrent joyeusement.

Nul ne pouvait encore imaginer ce qui allait advenir.

4

Une source, un éléphant et une montagne

Les premiers jours se passèrent dans la bonne humeur. Les huit sages avaient plaisir à échanger et à faire connaissance. Chacun d'entre eux avait une parfaite connaissance de sa propre tradition, mais aucun n'avait vraiment pris le temps d'étudier les autres courants spirituels du monde. Aussi furent-ils étonnés de constater que, au-delà des fortes divergences théoriques, il existait de nombreux points communs dans leur manière de vivre la spiritualité.

« Nous partageons une expérience spirituelle très semblable, même si le langage de nos traditions diverge pour l'exprimer, fit remarquer Ma Ananda, lors d'un repas pris en commun sur la terrasse du monastère.

— Oui, répondit le père Pedro d'un air amusé. J'ai l'impression que tous les chercheurs spirituels du monde boivent à la même source : celle de la vie et de l'amour. Nous essayons chaque jour, par nos méditations et nos prières, par l'ouverture de notre cœur et de notre esprit, de goûter à l'eau de la sagesse éternelle. Et la joie profonde que nous ressentons nous plonge le plus souvent dans le silence de la contemplation. »

Rabbi Schlomo poursuivit avec un petit sourire espiègle :

« En cela nous sommes bien éloignés de la plupart des gardiens du dogme de toutes les religions. Eux qui se tiennent à bonne distance de cette source et se querellent à l'infini pour savoir si l'eau – qu'ils n'ont jamais bue – est chaude ou froide, salée ou sucrée, pétillante ou plate, minérale ou calcaire ! »

Un grand éclat de rire traversa la tablée.

« Vous connaissez la parabole de l'éléphant ? » lança le Cheik Youssuf aux autres convives.

Ma Ananda et Lama Dorjé acquiescèrent d'un sourire complice.

« Nous autres pas ! s'exclama Maître Kong.

— La voici : Un jour, un roi réunit des aveugles de naissance et leur dit : "Connaissez-vous les éléphants ?" Ils répondent : "Ô grand roi, nous ne les connaissons pas, nous ne savons pas de quoi il s'agit." Le roi leur dit encore : "Désirez-vous connaître leur forme ?" Les aveugles répondent encore en chœur : "Nous désirons la connaître." Aussitôt, le roi ordonne à ses serviteurs d'amener un éléphant et demande aux aveugles de toucher l'animal. Parmi ceux-ci, certains, en tâtant l'éléphant, touchent la trompe et le roi leur dit : "Ceci est l'éléphant." Les autres saisissent soit une oreille, soit les défenses, soit la tête, soit le flanc, soit la cuisse, soit la queue. À tous, le roi dit : "Ceci est l'éléphant." Puis le roi demande aux aveugles : "De quelle nature est l'éléphant ?" L'aveugle qui a touché la trompe dit : "L'éléphant est semblable à une grosse liane." Celui qui a touché l'oreille dit :

“L’éléphant est semblable à une feuille de bananier.” Celui qui a touché une défense dit : “L’éléphant est semblable à un pilon.” Celui qui a touché la tête dit : “L’éléphant est semblable à un chaudron.” Celui qui a touché le flanc dit : “L’éléphant est semblable à un mur.” Celui qui a touché la cuisse dit : “L’éléphant est semblable à un arbre.” Celui qui a touché la queue dit : “L’éléphant est semblable à une corde.” Ils s’accusent mutuellement d’avoir tort et leur discussion s’envenime. Le roi ne peut s’empêcher de rire, puis il prononce cette parole : “Le corps de l’éléphant est unique, ce sont les perceptions divergentes de chacune de ses parties qui ont produit ces erreurs.” Il en va de même pour les tenants des différentes doctrines religieuses, conclut le soufi. Chacun parle de Dieu, du divin ou de l’Absolu selon la perception limitée qu’il en a. Et aucune religion ne peut prétendre posséder la totalité de la Vérité. Celle-ci s’est comme éclatée en morceaux en se manifestant dans le monde.

— C’est précisément ce que nous affirmons dans la tradition kabbalistique avec la théorie du Tsimtsoum, approuva Rabbi Schlomo. Avant la naissance du monde, Dieu emplissait tout l’espace. Et lorsqu’il créa l’univers, l’Éternel retira graduellement sa lumière pour s’adapter à la capacité de réception de ses créatures. Le Tsimtsoum est, en quelque sorte, la dissimulation de la Lumière divine. Dès lors chaque monde, chaque tradition, chaque individu y a accès de manière partielle, chacun selon une capacité et des moyens qui lui sont propres. Ainsi la Lumière divine se dévoile-t-elle progressivement à tous les êtres, dans tous les mondes. Et aucun ne peut affirmer : “Je possède la totalité de la Révélation.” Au contraire, chacun d’entre nous a besoin des autres pour aller plus loin dans la compréhension du dévoilement de la Lumière divine.

— Oui, reprit Ma Ananda, chaque religion possède une manière originale et singulière de concevoir la Vérité universelle. » Elle leva les yeux vers les sommets environnants : « C'est comme ces montagnes. Chacune est un sommet qu'on peut gravir. Mais à quoi sert de les comparer ? Chaque sommet est beau et chaque chemin est riche d'enseignements. Chaque sentier est fait d'obstacles à surmonter et laisse découvrir des paysages magnifiques. Ce qui compte, ce n'est pas de gravir cette montagne, ou bien celle-ci, ou bien encore celle-là, mais de parcourir le chemin. Et de le faire avec attention, avec persévérance, avec le cœur ouvert et l'esprit vigilant. Ce n'est pas le nom du sommet que nous avons gravi qui nous transforme, mais la présence et l'amour que nous avons mis dans la marche. Le monde est beau par la variété de ses paysages. La vie spirituelle est belle par le foisonnement de ses chemins. »

5

Émois amoureux

Les jours passèrent. Après les premiers moments de discussion et de partage, les sages avaient ressenti le besoin de s'isoler davantage pour prier ou méditer. Tout juste ponctué du tintement des cloches annonçant les offices ou du rire des jeunes novices, un climat de silence et de recueillement régnait sur le monastère.

Tenzin et Natina avaient appris à se connaître. Bien que de dix-huit mois plus jeune, le garçon avait la même taille que l'adolescente et la noirceur de ses cheveux et de ses yeux tranchait de manière saisissante avec la lumière qui irradiait du physique de Natina. Cette dernière était subjuguée par la profondeur et les connaissances spirituelles du jeune lama, comme lui-même était fasciné par la culture éclectique de l'Occidentale, rompue à la navigation sur Internet. Dès le troisième jour, Natina demanda au lama de lui faire découvrir les alentours du monastère. Dès lors, ils prirent l'habitude de marcher durant de longues heures après le repas du matin. Ils descendaient de la falaise et se promenaient sur le plateau, au milieu des champs d'orge.

Un jour, la Néerlandaise prit la main du jeune Tibétain et l'entraîna dans une course folle scandée de grands éclats de rire. Tenzin en fut profondément troublé. Pour la première fois depuis sa plus tendre enfance, il touchait la main d'une femme. Quand Natina posa la tête sur la poitrine du jeune lama pour reprendre son souffle, elle lui murmura : « Comme ton cœur bat fort !

— C'est parce qu'on a beaucoup couru », répondit Tenzin, embarrassé.

Natina prit la main du garçon et la posa sur sa poitrine.

« Non, regarde, le mien bat plus lentement. »

Bien qu'innocent, le geste de Natina plongea Tenzin dans une grande confusion. Il retira sa main et entraîna son amie vers le monastère.

Tout le long du trajet, il resta silencieux. Pour la première fois de sa vie, il eut du mal à se concentrer pendant l'office et ne mangea rien au dîner. Le soir, il alla frapper à la porte du vieux Lama Dorjé et lui confessa son trouble. Celui-ci resta silencieux un moment, puis arbora un large sourire : « Tu es peut-être amoureux, mon garçon ! » Tenzin baissa la tête. « Ce n'est pas un mal, poursuivit le lama, mais tu es un peu jeune et c'est peut-être incompatible avec ta destinée ? Il serait sage que tu voies un peu moins ton amie en tête à tête. Et puis voilà une belle occasion de mettre en pratique un exercice de méditation sur la transformation des émotions. Tu apprendras ainsi à ne pas être troublé et dissipé par cet amour, mais à t'appuyer sur ce sentiment noble. Alors, au lieu de perturber ton corps, il agrandira ton cœur. »

Natina raconta aussi l'incident à sa mère. Gabrielle

lui expliqua qu'elle devait être plus réservée à l'égard de Tenzin qui n'avait pas l'habitude de fréquenter des jeunes filles.

Les deux adolescents renoncèrent à leurs escapades hors du monastère. Mais ils continuèrent à échanger presque tous les jours sur de nombreux aspects de leurs univers quotidiens. Ils ne cessaient de s'étonner et de se passionner pour leurs différences. Le cœur de Tenzin s'affermit et le trouble des premiers émois laissa bientôt la place à une profonde affection pour Natina. Ce sentiment était parfaitement réciproque et les deux adolescents jurèrent de s'écrire le plus souvent possible lorsque Natina repartirait. Mais quand cela adviendrait-il ?

Certains sages participaient aux offices quotidiens des moines, d'autres préféraient pratiquer seuls leurs propres rituels. Tous se retrouvaient pour le repas du soir, suivi d'un temps de méditation silencieuse commune. « Nous ne prions pas ensemble, mais nous sommes ensemble dans la prière », avait tenu à préciser le père Pedro dès le premier soir. Au fil des jours, ce moment de prière devenait à la fois plus intense, plus long, mais aussi plus lourd. L'attente commençait à peser à la plupart des sages. Chacun avait brutalement laissé sa famille, ses amis, ses disciples, ses projets, ses recherches… pour suivre cette étrange inspiration intérieure. Dix-sept jours avaient passé depuis leur arrivée au monastère.

Un seul événement extérieur était venu troubler la quiétude du lieu : la fuite des animaux sauvages. Un matin, les moines avaient entendu un roulement sourd : tous les mouflons fuyaient sur le plateau dans un nuage de poussière. Sans raison apparente.

Hormis cet incident, rien de particulier n'était survenu et la patience des sages était mise à rude épreuve. Chaque matin, ils se regardaient en silence lors du premier repas, guettant dans le regard des autres le signe d'un songe ou d'une intuition nocturne qui aurait pu les éclairer sur le sens de leur rencontre. Mais rien ne se produisait. La plus anxieuse était Gabrielle, qui ne pouvait pas envisager de faire rater la rentrée scolaire à sa fille. Aussi, c'est elle qui décida de précipiter les événements.

Un soir, après leur méditation commune, elle annonça aux sages son intention de quitter Toulanka. Passé le premier moment de stupeur, chacun prit la parole : tous approuvaient la décision de la philosophe. Cette attente ne pouvait plus s'éterniser. Ils prirent d'un commun accord la décision de partir le lendemain matin.

C'est durant cette dernière nuit que tout bascula.

6

Songes

Rabbi Schlomo arriva le dernier à la table du petit déjeuner. Il avait la mine fatiguée et semblait préoccupé. Gabrielle lui demanda ce qui le tracassait. « J'ai fait un terrible cauchemar, marmonna le vieux rabbin. J'ai vu la ville de Jérusalem dévastée par un tremblement de terre. À la fin, il ne restait pas pierre sur pierre : un immense champ de ruines. Je n'en ai plus fermé l'œil de la nuit ! »

Les sept autres sages restèrent muets. La stupéfaction se lisait dans leurs yeux. Alors Cheik Youssuf prit la parole :

« J'ai fait exactement le même rêve. Mais c'était la ville de La Mecque qui était totalement détruite.

— Et moi, j'ai vu la ville sainte de Bénarès engloutie par les eaux, dit à son tour Ma Ananda.

— C'est aussi un déluge d'eau qui submergeait mon temple taoïste, poursuivit Maître Kong. Tout était emporté en quelques minutes.

— Moi, j'ai vu les grandes steppes de Mongolie ravagées par les flammes, dit à son tour la chamane Ansya.

— Dans mon rêve, c'était la basilique Saint-Pierre

de Rome qui était en feu et qui s'écroulait, reprit le père Pedro, la voix serrée par l'émotion.

— Moi, l'université d'Amsterdam..., lança Gabrielle.

— Et moi, ce monastère ! » conclut Lama Dorjé.

Après un temps de silence, le père Pedro reprit la parole. « Nous avons tous assisté en rêve à la destruction des lieux saints de nos religions. Il est stupéfiant que nous ayons fait ce rêve la même nuit !

— Et la veille de notre départ, fit remarquer Ansya. Comme si le destin envoyait un nouveau message afin que nous restions...

— Ce message est on ne peut plus clair, poursuivit le soufi : une catastrophe va frapper la terre et une grande partie de l'humanité risque de disparaître.

— Je ne partage pas nécessairement cette interprétation, lança le père Pedro, après un instant de réflexion. Les lieux que nous avons vus dévastés représentent les religions du monde : ce sont elles qui sont visées, non l'humanité. Nous allons peut-être assister à la fin d'un monde fondé sur les grandes traditions religieuses et à l'émergence d'une nouvelle ère coupée de ces racines métaphysiques.

— C'est déjà un peu ce que nous constatons, opina Gabrielle. Le monde moderne, au moins en Europe, est amnésique : il renie son passé religieux. Et ce qui se passe en Europe va sans doute gagner à terme le monde entier.

— Pas du jour au lendemain ! rectifia Rabbi Schlomo. Et ce n'est pas sûr du tout : regardez tous ces retours à la religion auxquels nous assistons ! Je crois plutôt, comme Cheik Youssouf, que nous allons vivre une catastrophe planétaire soudaine et que l'Éternel nous a réunis ici pour laisser un message commun à l'humanité future. »

Le père Pedro semblait dubitatif.

« Que voulez-vous dire ?

— Pourquoi le destin – peu importe le nom qu'on lui donne – aurait-il pris la peine de nous rassembler au même endroit, puis de nous indiquer qu'une catastrophe allait avoir lieu, si ce n'est pour que nous nous mettions d'accord sur un enseignement ? Un message que nous pourrions écrire et laisser à ceux qui survivront…

— Je partage ce point de vue, reprit Ma Ananda. Et peu importe qu'il y ait une catastrophe ou non. Que nos sanctuaires disparaissent pour de vrai, ou bien qu'ils symbolisent nos religions en crise, cela n'est pas essentiel. Nos rêves signifient qu'une page de l'histoire du monde est en train de se tourner ; qu'il nous faut effectivement dépasser nos différences pour tenter de formuler ensemble les fondements universels de la sagesse. »

Il y eut un nouveau temps de silence. Chacun semblait plongé dans une profonde méditation. Lama Dorjé prit alors la parole : « Bien, imaginons qu'il s'agisse de cela. Deux questions importantes se posent. La première : quoi dire ? Et la seconde : sur quel support ?

— Il est plus facile de répondre à la seconde question qu'à la première, commenta Rabbi Schlomo avec ironie. Vous avez certainement du papier et des crayons. Il nous suffit d'écrire !

— Je n'en suis pas si sûre. Si nous assistons à une vraie catastrophe et que ce monastère est touché, que restera-t-il de quelques feuilles de papier griffonnées ? objecta Ansya.

— C'est juste, dit Maître Kong. Il faudrait graver ce message sur le bois, ou mieux encore sur la pierre, pour qu'il résiste à un incendie ou à un tremblement de terre.

— Ce n'est pas moi, disciple de Moïse qui reçut la Loi divine gravée sur des tables de pierre, qui vous contredirai ! rétorqua le rabbin. Mais il n'y pas de graveur de pierre dans ce monastère, j'imagine… »

Lama Dorjé secoua la tête de manière négative.

« Et je ne vois pas comment, de toute façon, nous pourrions résumer en quelques phrases les fondements de la sagesse, lança Gabrielle. Des préceptes moraux peuvent s'énoncer en peu de mots, mais les lois de la vie spirituelle demandent un minimum d'explications.

— Et puis notre parole n'engage que nous, reprit le père Pedro. Qui sommes-nous pour graver sur la pierre notre petite compréhension de la sagesse ! »

Tous acquiescèrent bruyamment. La chamane fut alors traversée par une intuition. Ansya se retourna vers les deux enfants qui étaient restés muets depuis le début de la conversation.

« Et vous ? Avez-vous fait un rêve ? »

Les regards se tournèrent vers les adolescents.

« Oui ! répondirent-ils presque en même temps.

— Moi, j'ai rêvé que j'étais un petit ruisseau, poursuivit Natina. Et ce ruisseau était soudain irrigué par huit rivières. Je devenais alors un grand fleuve et j'allais me jeter sur une terre aride, desséchée, comme si une mer avait été à sec…

— Soudain l'eau du fleuve remplissait cet espace désertique… et toutes sortes de plantes et de fleurs se mettaient à pousser », poursuivit Tenzin. Il saisit la main de la jeune fille et se pencha vers elle : « J'ai fait le même rêve que toi, Natina. »

Il y eut à nouveau un moment de silence. Maître Kong, qui avait fermé les yeux pendant de longs instants, prit la parole :

« Le rêve de ces enfants me semble limpide. Nous autres représentons les huit rivières qui devront irriguer leur esprit. Et cet enseignement que nous leur donnerons de manière orale fécondera ensuite l'esprit de tous ceux à qui ils le transmettront.

— Je partage ce point de vue, précisa Ansya. La transmission orale me paraît plus adaptée pour un enseignement spirituel qu'une transmission écrite qui fige les choses. Ce que nous dirons à ces jeunes restera gravé dans leur cœur, mais ils le rediront à leur manière, tel qu'ils l'auront compris et surtout vécu à leur tour. »

Les autres sages acquiescèrent d'un mouvement de tête.

« Nous avons à peu près résolu la seconde difficulté soulignée par Lama Dorjé, mais pas encore la première, reprit Ma Ananda. Quel va être le contenu de l'enseignement que nous allons transmettre à ces enfants ? »

7

L'essentiel est invisible pour les yeux

« Il est sans doute plus facile de dire ce qui nous sépare que ce qui nous rassemble, lança Rabbi Schlomo avec une pointe d'ironie.

— La question essentielle sur laquelle nous ne parviendrons jamais à nous accorder est celle de la définition de l'Absolu, confirma Gabrielle. Moi, par exemple, je partage la vision panthéiste des sages stoïciens ou de Spinoza : Dieu se confond avec la Nature. Il n'est pas un être suprême, créateur du monde, qui parle aux hommes par la voix des prophètes, comme le pensent les juifs, les chrétiens et les musulmans, mais une force impersonnelle qui demeure en tout être et apporte son harmonie au monde.

— Ne parlons donc pas de Dieu ! s'exclama Cheik Youssuf dans un grand éclat de rire. Il y a bien d'autres croyances qui nous rassemblent. Nous croyons tous, par exemple, qu'il existe un monde visible, accessible à nos sens, et un monde invisible dont nous percevons l'existence par notre cœur, notre esprit, notre intuition.

— C'est certain, reprit Gabrielle. L'esprit invisible et la matière visible s'imbriquent de manière mystérieuse. D'ailleurs, les études scientifiques les plus récentes étayent ce point que toutes les sagesses du monde affirment depuis des millénaires. Au bout du compte, nous ne savons plus très bien ce qui relève de la matière ou de l'énergie spirituelle.

— Nous savons qu'il existe des flux invisibles qui traversent le monde et le corps humain, dit à son tour Maître Kong. La médecine énergétique chinoise est fondée sur ce postulat. Ce monde invisible, fait de forces ou d'énergies, n'a pourtant rien de surnaturel : il est naturel. Nous pensons simplement, à l'inverse des matérialistes, qu'il existe plusieurs niveaux de réalité dans la nature. Un niveau visible, observable et mesurable par les sens, et un niveau plus subtil, invisible par les yeux du corps, mais tout aussi réel, et sur lequel nous pouvons intervenir. C'est d'ailleurs ce que vous faites quotidiennement dans votre pratique, chère Ansya ?

— Certainement. La transe chamanique est un état modifié de conscience dans lequel nous percevons un autre niveau de réalité. Lorsque j'entre en transe, mon esprit se modifie. Je perçois la forme et les couleurs de l'âme des personnes qui m'entourent, ainsi que des entités perturbatrices invisibles. Mon travail consiste à soigner l'âme pour guérir le corps.

— Cette question de l'âme est le point fondamental qui nous rassemble, dit le rabbin avec force. Quel que soit le nom que nous lui donnons, nous expérimentons tous une partie intime et invisible qui n'est pas réductible au corps physique. »

Les autres sages hochèrent la tête en signe d'approbation. Le soufi prit la parole :

« J'ajouterai que nous croyons aussi à l'immortalité d'une partie de l'âme : l'esprit. Et cela est vrai aussi, si je ne me trompe, des philosophes grecs de l'Antiquité ?

— Tout à fait, répondit Gabrielle. De Pythagore à Plotin, en passant par Socrate, Platon, Aristote ou les stoïciens, la plupart des philosophes de l'Antiquité croient en l'existence d'une partie immortelle de l'âme. Pour les Grecs, en effet, il y a une âme végétative, qui maintient l'unité de tout organisme vivant ; une âme psychique pour les hommes et les animaux ; enfin une âme spirituelle, propre à l'homme, le *noos*, que nous pourrions qualifier d'« esprit ». Cette âme spirituelle est immortelle. D'origine divine, elle part rejoindre le divin après la mort. En cela, nous croyons fondamentalement en la même chose. »

Lama Dorjé leva la main droite en signe d'objection :

« Certes, mais pour nous, bouddhistes, l'esprit n'a ni commencement ni fin, alors qu'il est créé par Dieu dans le corps au moment de la conception, ou lors de la gestation du fœtus dans l'utérus, pour nos amis juifs, chrétiens et musulmans. Et tandis que nous croyons que la conscience transmigre d'un corps à l'autre jusqu'à l'obtention de l'Éveil, nos amis croient qu'elle ne s'incarne qu'une seule fois et qu'après la mort elle continue de vivre dans un au-delà de ce monde, soit au paradis, soit en enfer, selon les actes positifs et négatifs qu'il aura commis en cette existence.

— Notre position est quand même plus nuancée, reprit le père Pedro. Ce que nous appelons l'enfer, c'est la privation du Bien suprême qui est Dieu… et ce que nous appelons le paradis, c'est la jouissance éternelle de Dieu. Or la plupart des âmes des défunts connaissent probablement un état intermédiaire après la mort, un état de purification, qui implique à la fois la joie de savoir que le Bien suprême existe et qu'il est amour… et la peine d'être éloigné de lui, comme l'acceptation de certaines souffrances purificatrices nécessaires pour le rejoindre.

— Quoi qu'il en soit, lança Ma Ananda avec un grand sourire, nous sommes tous convaincus que cette vie est capitale et que nos pensées et nos actes déterminent non seulement notre bonheur sur terre, mais aussi la vie future de notre esprit après la mort de notre corps physique, n'est-ce pas ? »

Tous les sages approuvèrent.

« Alors je propose que l'enseignement que nous allons transmettre à ces enfants ne porte pas sur des croyances, mais sur l'attitude juste à avoir en cette vie pour la réussir, dans le sens le plus profond du terme.

— Je suis tout à fait d'accord, renchérit le soufi. Laissons de côté les aspects théologiques et ritualistes qui distinguent nos traditions et ne gardons que les préceptes qui aident à vivre et à avancer sur le chemin spirituel.

— Partons de notre expérience, approuva encore le père Pedro. Nous avons déjà pu constater qu'au-delà des dogmes et des rituels qui nous séparent, elle nous unit dans la recherche de la sagesse.

— J'approuve aussi cette démarche, dit à son tour Ansya. Nous sommes tous engagés dans une même quête de vérité et de lumière. Nous saurons bien en dégager les grandes lignes et les expliquer en termes simples à ces enfants, dont le cœur est pur et la soif d'apprendre ardente.

— On retrouve l'idéal des anciens philosophes,

ajouta encore Gabrielle : comment mener une vie bonne ? La recherche de la sagesse réunit tous les hommes en quête d'un noble idéal de vie, qu'ils soient croyants ou non. C'est la définition même de la philosophie, qui signifie « amour de la sagesse ». Et cette quête se fonde avant tout sur la raison et sur l'expérience. C'est pour cela qu'elle est universelle.

— Fort bien, résuma le lama. Puisque nous sommes tous d'accord, je propose que nous nous isolions pendant quelques jours pour prier et méditer. Puis que nous nous retrouvions tous ensemble pour mettre en commun ce qui nous semble être les principes fondamentaux de la sagesse. Alors seulement nous pourrons transmettre le fruit de notre réflexion à Tenzin et à Natina. Qu'en pensez-vous ? »

Les sept autres sages approuvèrent la proposition du lama et se levèrent pour aller méditer dans leur cellule.

8

Le cerf-volant et l'Âme du monde

Les deux adolescents restèrent seuls sur la terrasse. Ils avaient bu les paroles des sages, même s'ils n'en comprenaient pas toujours le sens. Ils s'inquiétaient surtout de l'énorme responsabilité qui pesait sur leurs épaules. Allaient-ils comprendre et retenir les enseignements qu'on leur prodiguerait ? Natina lut dans le regard de Tenzin la même anxiété que celle qui agitait son esprit. Alors elle lui saisit la main et lui glissa dans un sourire : « Heureusement, nous sommes deux. Ce que je ne saisirai pas, tu le comprendras sûrement. Et ce que tu oublieras peut-être, je m'en souviendrai à coup sûr ! »

Tenzin sourit à son tour.

« Tu as raison ! Mieux vaut détendre notre esprit. Il sera bientôt soumis à rude épreuve ! Viens, je vais te montrer le merveilleux cerf-volant que Lama Dorjé m'a offert pour mon douzième anniversaire. »

Pendant que Tenzin et Natina jouaient au cerf-volant sur la terrasse ou s'adonnaient à des exercices de yoga pour bien disposer leur corps et leur esprit, les huit sages restèrent enfermés durant trois jours dans leur cellule. Puis, comme Lama Dorjé l'avait suggéré, ils se retrouvèrent dans la salle commune et y échangèrent pendant quatre jours encore. Ils avaient demandé qu'on leur apporte de quoi manger matin et soir et passaient le reste du temps à discuter des thèmes qu'ils voulaient aborder avec les adolescents. Tard le soir, ils regagnaient leur petite chambre pour se reposer. Dès les premières lueurs de l'aube, ils reprenaient leurs échanges.

Au matin du cinquième jour, tandis que les sages entraient dans la salle commune, toutes les cloches du monastère se mirent à sonner sans intervention humaine. Un vieux lama, qui avait des dons divinatoires, interpréta ce signe comme de mauvais augure. Il le relia à la mystérieuse fuite des mouflons. « Par deux fois le destin nous a avertis qu'une force sombre est à l'œuvre dans le monde et qu'elle nous atteindra bientôt », dit-il sans autre commentaire avant de reprendre la récitation de ses prières.

Les huit sages décidèrent alors de commencer leur transmission sans plus tarder. Ils s'accordèrent juste une journée de repos pendant laquelle la plupart d'entre eux allèrent se promener à l'extérieur du monastère.

Le lendemain matin, sitôt après l'office et le repas, Lama Dorjé réunit les enfants et les autres sages sur la terrasse. Ils se mirent tous en cercle, par terre ou sur des chaises basses. Tenzin et Natina, assis en tailleur côte à côte, étaient intimidés par le caractère solennel de la cérémonie. Les sages avaient changé au cours des huit jours écoulés. Les traits de leur visage s'étaient émaciés ou tendus. Ils avaient tous une mine grave et semblaient très concentrés. Les derniers jours, Natina avait été surprise de retrouver chaque soir sa mère dans un état d'intériorisation intense qu'elle ne lui avait jamais connu auparavant.

Après un moment de recueillement, où la plupart des sages fermèrent les yeux, Lama Dorjé prit la parole d'une voix lente et grave. « Mes enfants, nous sommes parvenus à nous entendre sur sept points principaux qui résument l'essentiel de la sagesse humaine. Chaque jour donnera lieu à un enseignement sur l'un de ces sept points. Nous prendrons la parole l'un après l'autre, parfois plusieurs fois. Nous parlerons lentement et nous laisserons un temps de silence important entre chaque intervention pour que vous puissiez graver dans votre mémoire les paroles qui auront été prononcées. Certains d'entre nous apporteront une explication détaillée. D'autres l'illustreront par un conte ou une histoire tirés de nos traditions, ou bien encore ne transmettront que quelques mots, selon leur inspiration.

— Il nous arrivera parfois de citer tel ou tel ancien Maître de la sagesse, poursuivit Gabrielle. Mais pour bien marquer le caractère universel de cet enseignement, nous ne citerons pas son nom, ni les sources diverses qui nous inspirent. Afin d'éviter toute référence explicite à ce que certains d'entre nous nomment “Dieu”, d'autres “le Dharma”, d'autre encore “le divin”, “le Tao” ou “l'Absolu”, nous nous sommes entendus pour utiliser une seule expression : “l'Âme du monde”. Cette formule des philosophes grecs de l'Antiquité, au-delà de tout dogme religieux, signifie la présence dans l'univers d'une force mystérieuse et bonne qui maintient l'ordre du monde, et c'est ainsi que nous l'entendrons. Pour les croyants, elle évoque la présence de Dieu ou d'une intelligence organisatrice dans le monde, sa providence. Pour les autres, l'énergie spirituelle qui maintient en harmonie la Nature, comme l'âme par rapport au corps.

Encore une fois, nous ne parlerons que de choses dont nous avons fait l'expérience. Certaines formulations porteront nécessairement la coloration de nos traditions respectives, mais nous nous sommes accordés sur le noyau central de l'enseignement que allons vous transmettre. Ce que nous avons à vous dire, écoutez-le autant avec les oreilles de l'intelligence qu'avec celles du cœur. »

Natina et Tenzin, émus, fermèrent à leur tour les yeux et les tournèrent à l'intérieur d'eux-mêmes, vers les sanctuaires du cœur et de l'esprit.

Deuxième partie

LES SEPT CLÉS DE LA SAGESSE

Premier jour

Le port et la source
Du sens de la vie

Un sage prit la parole et dit : « Ô enfants des hommes, écoutez le premier noble enseignement sur le sens de la vie humaine.

La plupart des malheurs de l'humanité viennent du fait que bien des hommes, surtout ceux qui exercent le pouvoir et possèdent la richesse, ne se sont jamais interrogés sur la signification de leur existence. Ils vivent suivant la pente de leurs pulsions et de leurs besoins matériels. Ils descendent, inconscients, le fleuve de l'existence, telles des bûches ballotées par les eaux, sans jamais rien maîtriser du cours de leur vie. À ce compte-là, même les cadavres jetés dans la rivière descendent plus vite que les vivants ! Mais est-il encore un Vivant, celui qui ne vit que selon les besoins immédiats de son corps et étouffe les questions et les besoins de son âme ?

Pourquoi sommes-nous sur terre ? Avons-nous chacun quelque chose de particulier à réaliser ? Les événements qui nous arrivent sont-ils seulement le fruit du hasard ou bien ont-ils une signification ? Avons-nous une destinée à accomplir ? Sommes-nous le jouet de nos instincts et de notre éducation ou bien pouvons-nous acquérir une vraie liberté ? Et si tel est le cas, comment en faire bon usage ? Sur quels rochers fonder notre vie ? Peut-on atteindre un bonheur véritable et durable ? Comment nourrir notre âme autant que notre corps et comment faciliter la bonne entente de cet attelage de l'être humain ? Notre esprit disparaît-il avec le corps physique ? Continue-t-il d'exister dans une autre dimension, ou est-il appelé à renaître dans un autre corps ?

Voici les questions que devrait se poser tout être humain lorsqu'il comprend qu'il n'est pas qu'un animal soumis aux lois universelles du plaisir et du déplaisir, de l'attraction et de la répulsion ; lorsqu'il découvre qu'il possède un esprit ou une âme spirituelle, peu importe les mots utilisés, qui lui permet de maîtriser son corps, ses émotions, ses pulsions. La grandeur de l'être humain, c'est qu'il est le seul être vivant qui puisse s'interroger sur la signification de son existence et lui donner une direction, un but.

Mais malheureux l'homme qui n'a pas découvert le sanctuaire de l'esprit ! Malheureux celui qui n'a d'autre préoccupation que de survivre ! Malheureux l'homme qui ne se pose jamais la question : comment vivre de manière proprement humaine ? Comment mener une vie bonne ? Qu'est-ce qui est vraiment important et qu'est-ce qui ne l'est pas ? Comment devenir pleinement moi-même et être utile aux autres ? Comment réussir ma vie afin qu'à l'instant de ma mort je puisse partir en paix et regarder derrière moi le cœur serein ?

Malheureux l'homme qui ne sait pas qu'il possède

deux grands trésors à l'intérieur de lui-même : la clarté de l'esprit, qui peut le rendre libre, et la bonté du cœur, qui peut le rendre heureux. Malheureux l'homme qui mène une existence semblable à celle des bêtes, enchaîné à ses instincts et seulement préoccupé des soucis matériels de la vie.

Malheureux l'homme qui ne sait pas qu'il est un homme. »

Un sage prit la parole et dit : « La vie est un voyage. Comme les oiseaux, nous sommes un jour appelés à quitter le nid de notre enfance pour voler de nos propres ailes. Nous allons découvrir l'amour et bien souvent fonder une famille. Nous allons apprendre un métier pour nous réaliser dans un travail et subvenir à nos besoins matériels et à ceux de nos enfants. Tout cela est bien. Mais tout cela n'est pas suffisant. Au long du voyage de la vie, nous allons rencontrer bien des obstacles. La maladie peut survenir, l'amour peut s'éclipser, nos proches vont mourir, nous ne sommes jamais sûrs de toujours pouvoir faire face aux difficultés matérielles de l'existence. Nous allons aussi découvrir combien il est difficile d'aimer, combien il est rare de trouver un travail qui nous épanouisse en profondeur, combien nous sommes souvent pris dans des contradictions intérieures, dans des peurs, des colères, des frustrations, des jalousies, des découragements. Au fil de la vie, nous allons devoir apprendre à vivre. Non pas à survivre, mais à vivre. À vivre pleinement, les yeux ouverts, avec conscience et attention. À vivre en étant capable de choisir les bonnes personnes pour partager notre quotidien, en évitant de commettre les mêmes erreurs que dans le passé, en se donnant les moyens d'être véritablement soi-même et heureux, autant que faire se peut. Tout cela s'apprend avec le temps et l'expérience. Mais il est infiniment précieux d'utiliser au plus tôt la clarté de notre esprit pour nous guider sur le chemin de la vie. Bien des égarements, des erreurs, des mauvais choix et des drames pourront être évités. »

Un sage prit la parole et dit : « Écoutez l'histoire de cette femme tenant son enfant dans les bras. Passant devant une grotte, elle entend une voix mystérieuse qui lui dit : “Entre et prends tout ce que tu veux. Mais souviens-toi d'une chose : quand tu seras ressortie, une porte se fermera à tout jamais. Profite de l'opportunité, mais n'oublie pas le plus important.” La femme pénètre dans la grotte et y découvre un fabuleux trésor. Fascinée par l'or, les diamants et les bijoux, elle dépose son enfant sur le sol et s'empare de tout ce qu'elle peut. Elle rêve à ce qu'elle va pouvoir faire de ces richesses. La voix mystérieuse lui dit : “Le temps est écoulé, n'oublie pas le plus important.” À ces mots, la femme chargée d'or et de pierres précieuses court hors de la cavité dont la porte se ferme derrière elle, à tout jamais. Elle admire son trésor, et se souvient alors, seulement, de son enfant qu'elle a oublié à l'intérieur. »

Un sage prit la parole et dit : « Combien d'êtres humains passent l'essentiel de leur vie à se soucier de choses matérielles ou futiles et oublient de prendre le temps de vivre les expériences les plus essentielles : l'amour, l'amitié, l'activité créatrice, la contemplation de la beauté du monde ? Ils ne sont ni bêtes ni méchants, mais ignorants. Ignorants de ce que la vie peut donner de meilleur… et cela ne coûte rien ! Le superflu est onéreux, mais l'essentiel est offert. Encore faut-il le savoir. Et combien aussi préfèrent suivre la masse de ceux qui obéissent aux modes de leur époque ? Apprenez, ô enfants des hommes, à cheminer sur votre voie, celle qui est bonne pour vous, celle qui vous est destinée et qui réjouira votre cœur. »

Un sage prit la parole et dit : « Notre corps a faim et a soif. L'Âme du monde a mis sur cette terre de quoi nourrir et désaltérer tous les êtres humains, depuis l'origine du monde et jusqu'à la fin des temps. Si nous savions partager et venir en aide à nos frères, nul n'aurait plus jamais faim et nul n'aurait plus jamais soif.

L'Âme du monde a mis aussi en notre âme une faim et une soif qui donnent son sens ultime à notre vie. La faim de l'âme, c'est celle d'une vocation profonde que nous portons tous en nous. Tant que nous n'aurons pas trouvé ce port, nous errerons l'âme en peine, tel un marin sans boussole. Il peut nous falloir du temps pour trouver notre vraie place en ce monde, pour découvrir ce que nous pouvons y faire et y apporter de meilleur. Tant que nous n'aurons pas découvert notre vocation, nous serons d'éternels affamés. Ce but, cette place, n'est pas hors d'atteinte. Ce peut être un travail, la naissance et l'éducation d'un enfant, une activité artistique, sportive ou politique, une vocation religieuse. Peu importe de quoi il s'agit, ce qui compte c'est de découvrir ce pour quoi nous sommes faits. Ce qui nous met dans la joie, dans l'enthousiasme, dans le plein exercice de nos capacités et de nos dons. »

Un sage prit la parole et dit : « Deviens ce que tu es. Fais ce que toi seul peux faire. Suis la voix de ton cœur. »

Un sage prit la parole et dit : « Nous avons non seulement un port à atteindre, une vocation à découvrir, mais aussi une source à trouver qui seule pourra désaltérer la soif inextinguible de notre âme. Bien peu d'hommes le savent qui préfèrent descendre le fleuve comme tout le monde, plutôt que de remonter vers la source.

Cette source, on l'a nommée de bien des manières dans le passé : l'"union au divin", la "liberté ultime", la "réalisation de soi", l'"Éveil", le "bonheur définitif". Peu importe son nom. Une seule chose compte : cheminer vers elle pour étancher à jamais notre soif la plus profonde, celle d'une totale harmonie intérieure et d'une profonde union avec le monde. »

Un sage prit la parole et dit : « Vous n'avez pas besoin, ô enfants des hommes, de savoir où se trouve ce port, ni où se trouve cette source pour commencer votre quête et vous y rendre. Il suffit que vous désiriez de tout votre cœur atteindre ces nobles buts. Ce port et cette source sont cachés comme un trésor. Mais ils ne cessent de nous donner des indices pour que nous les trouvions. Ils placent sur notre route des personnes qui peuvent nous en indiquer le chemin. Ils gravent dans notre cœur une mélodie lancinante, un petit air de flûte qui nous met dans la joie lorsque nous en entendons quelques notes.

Vous n'aurez besoin ni de carte ni de boussole. La

faim et l'envie sincère de découvrir ce port guideront votre barque. La soif et la détermination à remonter à cette source conduiront vos pas. Si vous écoutez les désirs profonds de votre âme et si vous cherchez à les réaliser, alors l'Âme du monde vous guidera. Comme le disait un ancien Maître de la sagesse : “Celui qui a soif, qu'il vienne. Celui qui le désire, qu'il boive l'eau de la vie, gratuitement. Et il n'aura plus jamais soif.” »

Un sage prit la parole et dit : « La difficulté vient du fait que nous confondons bien souvent cette faim et cette soif de notre âme avec celles de nos désirs sensibles. La soif des sens apporte bien des plaisirs, mais elle est aussi un piège redoutable, car elle peut nous égarer sur la mer sans port, ou la montagne sans source. Si nous n'en sommes pas conscients, nous errerons toute notre vie de désir sensible en désir sensible, de satisfaction des sens en satisfaction des sens, sans être jamais comblés. C'est pourquoi un ancien Maître de la sagesse a pu dire qu'il fallait “éteindre la soif” pour atteindre un bonheur véritable. Il ne parlait pas de la soif de l'esprit en quête de sagesse, mais de celle, sans fin, des sens et de l'attachement, qui nous maintient dans la douleur de la loi du désir et de la frustration. »

Un sage prit la parole et dit : « Notre monde actuel est pris dans cette frénésie du “toujours plus”, de l'activisme, de l'accumulation des richesses, alors que l'homme a besoin de bien peu de chose pour être heureux. L'essentiel de son bonheur ne relève pas de ses possessions, mais de la paix de l'âme. Écoutez l'histoire de ce simple pêcheur qui se repose à l'ombre d'un palmier. Il savoure le bonheur d'être. Un homme riche le croise et l'encourage à travailler davantage.

“Pour quoi faire ? répond le pêcheur.

— Pour gagner de l'argent.

— Pour quoi faire ?

— Pour habiter une belle maison.

— Et puis après ?

— Avoir une grande famille.

— Et après ?

— Développer ton commerce avec tes enfants.

— Et après ?

— Après, tu seras tranquille et heureux de pouvoir te reposer.

— C'est déjà ce que je fais.” »

Un sage prit la parole et dit : « Le contentement apporte le bonheur, même dans la pauvreté. L'insatisfaction apporte le malheur, même dans la richesse. Il n'y a pas de pire fléau que l'esprit de convoitise. Comme l'a affirmé un ancien Maître de la sagesse : “Le bonheur, c'est de continuer de désirer ce qu'on possède déjà.” »

Un sage prit la parole et dit : « Tant que vous le rechercherez à l'extérieur de vous, dans la jouissance des objets ou des personnes, votre bonheur sera fragile et instable. Et cela pour trois raisons.

La première raison, c'est qu'il est difficile d'obtenir tout ce que nous convoitons. Nous pouvons rêver d'avoir toujours un corps en bonne santé, d'acquérir une belle maison, d'avoir une vie amoureuse épanouie et une vie de famille harmonieuse, de s'investir dans une activité professionnelle passionnante, d'avoir un succès grandissant dans nos activités… mais combien il est difficile d'obtenir tout cela. Nous mettons toute notre énergie à obtenir ce que nous désirons et bien souvent nous n'y parvenons pas. Alors nous sommes frustrés, déçus, tristes ou en colère contre la vie.

La deuxième raison, c'est que les choses extérieures auxquelles nous aspirons sont soumises à une grande loi universelle : celle de l'impermanence. Tout dans le monde est soumis au changement. Rien n'est stable, permanent, définitif. Les choses changent, les personnes changent, tout est en devenir. Nous cultivons notre corps et sommes en bonne santé, mais il peut tomber malade ou avoir un accident. Nous vivons avec une personne dont la présence nous est indispensable, mais elle peut partir ou mourir. Nous avons un métier ou une activité qui nous passionne, mais ils peuvent cesser à cause d'événements extérieurs sur lesquels nous n'avons aucune prise. Nous possédons une magnifique voiture ou un tableau de maître : on peut nous les voler. Nous avons bâti un empire, mais aucun empire ne dure. Nous avons accumulé un immense trésor, mais demain nous mourrons et n'emporterons rien dans la tombe.

La troisième raison, c'est qu'en orientant notre désir vers les choses extérieures et les objets matériels, nous ne trouverons jamais le repos. Par nature, l'homme désire toujours autre chose. Regardez un enfant. Il semble satisfait de son jouet, et puis il voit un autre jouet dans les mains d'un autre enfant : il se désintéresse du sien et désire spontanément l'autre. Le désir de l'homme est mimétique : il désire toujours ce que l'autre possède. Connaissez-vous la différence entre l'enfant et l'adulte ? La taille de son jouet.

Dans l'ordre de l'avoir, le désir est sans limites. Pour être heureux, l'homme doit quitter la logique de l'avoir pour passer à celle de l'être. Son bonheur ne tiendra plus à la possession des objets extérieurs, mais à une qualité d'être. Et tout le sens de la vie, c'est justement d'apprendre à "être bien", au-delà de ce que l'on possède, des objets ou des personnes qui nous donnent du plaisir, des événements qui surviennent. C'est de découvrir que le bonheur et le malheur sont à l'intérieur de nous, et non dans les choses ou les événements extérieurs. »

Un sage prit la parole et dit : « La richesse n'est pas un mal en soi, bien au contraire. Ce qui compte, c'est l'attitude intérieure que chacun adopte vis-à-vis de l'argent. Un homme riche peut être généreux et véritablement détaché à l'égard des biens qu'il possède et un homme pauvre très attaché aux faibles biens qu'il possède et dans la convoitise permanente. »

Un sage prit la parole et dit : « Mais hélas, bien souvent, les hommes riches ne voient plus le monde qu'à travers la couleur de l'argent et du pouvoir qu'il leur procure. Cela ne les rend pas plus heureux pour autant. Un homme très riche et un homme très pauvre avaient chacun un fils. L'homme très riche monta avec son fils en haut d'une colline, lui montra d'un geste le paysage autour d'eux et lui dit : "Regarde. Un jour, tout cela sera à toi."

Le fils ressentit sur le moment un grand plaisir, mais en redescendant de la colline, son bonheur fut troublé par la crainte que son père change d'avis, ou bien qu'il ne vive pas assez longtemps pour obtenir ce gain.

L'homme très pauvre monta avec son fils au sommet de la même colline, lui montra le paysage et lui dit simplement : "Regarde."

Le fils resta là et contempla la beauté du monde, le cœur empli de joie. »

Un sage prit la parole et dit : « La grande ambition qui doit guider ta vie, c'est de développer le meilleur de toi-même. C'est de te transformer pour atteindre un état intérieur de paix, de joie, de sérénité que rien ni personne – pas même la mort – ne pourra t'enlever. C'est d'être la meilleure personne possible et d'aider les autres en apportant ta petite pierre à la construction du monde. Comme le disaient les anciens maîtres de la sagesse : "Songe que chaque jour est une vie et hâte-toi de bien vivre, plutôt que de vouloir vivre longtemps sans te soucier de vivre selon le Bien." »

*

* *

Lorsque le soleil passa derrière la montagne blanche, les huit sages restèrent en silence. Interrompu par quelques pauses, où chacun avait pu se restaurer ou prier, l'enseignement avait duré du matin jusqu'au milieu de l'après-midi. Ils avaient encore beaucoup à dire sur cette question, mais ils sentaient que les enfants étaient fatigués et ne pouvaient en entendre davantage. Il fallait maintenant que leur esprit se repose. Rompu à l'écoute de longs enseignements depuis sa plus tendre enfance, Tenzin alla dans sa cellule et récita inlassablement, pour les graver dans sa mémoire, les mots qu'il venait d'entendre. Natina ressentit le besoin de faire de l'exercice. Elle quitta le monastère et marcha pendant deux bonnes heures. Les phrases des sages résonnaient dans sa tête. Comment retenir tout ça ? Elle fut rejointe par Ma Ananda. L'Indienne lui caressa le visage avec affection et la rassura : « Ne cherche pas à te souvenir de chaque mot. C'est impossible ! Essaye juste de retenir les idées principales et le sens général des enseignements. Et, surtout, détends ton esprit ! Tu verras que curieusement, dans plusieurs semaines ou plusieurs mois, des paroles que tu croyais perdues resurgiront dans ta mémoire. »

Tous dormirent profondément, à l'exception de l'un des huit sages qui ne parvint pas à trouver le repos. Quelque chose troublait son esprit, mais il ne savait quoi.

Le lendemain matin, dès que le soleil eut franchi l'horizon, tous se levèrent, prirent une collation et gagnèrent la terrasse du monastère. Ils se remirent en cercle et restèrent quelques instants en silence, les yeux fermés.

Deuxième jour

Le noble attelage
Du corps et de l'âme

Un sage prit la parole et dit : « Ô enfants des hommes, écoutez le deuxième noble enseignement sur l'union du corps et de l'âme.

L'Âme du monde nous a donnés un précieux attelage composé de deux chevaux et d'un cocher. Les deux chevaux, ce sont le corps physique et le corps émotionnel et psychique. Le cocher, c'est l'âme spirituelle ou l'esprit. Tout au long de la vie, il nous faudra apprendre à maîtriser cet étrange attelage. Car sa bonne marche relève de la parfaite symbiose entre les trois éléments qui le composent. Si le cocher est faible ou inexpérimenté et ne domine pas ses montures, l'attelage ira n'importe où, s'échouera dans un ravin ou errera sans fin. Si les montures ne s'entendent pas, l'attelage sera très difficile à tenir et sa course chaotique. Si les montures sont fatiguées ou mal nourries, l'attelage avancera péniblement. Apprendre à vivre, cela commence donc par apprendre à connaître et à prendre soin de son corps, de son psychisme et de son esprit, et favoriser la bonne entente de ces trois dimensions de notre être. »

Un sage prit la parole et dit : « Apprends à connaître, à aimer et à prendre soin du premier cheval, celui de ton corps physique. Découvre, par l'expérience, ses capacités et ses limites. Développe et entretiens ses possibilités en faisant de l'exercice. Allie le souple – yoga, gymnastique douce – et le tonique : course, travail musculaire. Mais ne cherche pas à dépasser ses limites et ménage-le. Ton corps a besoin de repos. Dors chaque nuit le nombre d'heures nécessaire. Chacun est différent : quand il faut six heures à l'un pour se reposer, il en faut neuf à un autre. Et ces temps de repos évoluent au long de la vie. Ton corps a aussi besoin de se nourrir. La nourriture ne doit pas seulement apporter un plaisir, mais fournir au corps l'énergie nécessaire. L'alimentation doit être variée, équilibrée et adaptée aux besoins de chacun. Ton corps doit aussi respirer. Apprends à maîtriser ton souffle par des exercices lents et conscients d'inspiration et d'expiration.

Il est bon d'aimer son corps, de lui donner du plaisir, d'être attentif à lui. N'écoute pas ceux qui méprisent le corps. Ils sont de deux sortes. Il y a ceux qui ont peur du corps et qui le méprisent au nom des vertus de l'âme. Malgré leurs pieux discours, ceux-là n'ont rien de spirituel qui rejettent ce que l'Âme du monde leur a donné. En méprisant et en maltraitant ce don précieux de la vie, c'est la vie qu'ils méprisent. Et leur âme, à laquelle ils vouent un culte, aura bien du mal à s'épanouir dans un corps diminué ou maltraité. Il y a aussi ceux qui maltraitent le corps en le rendant corvéable à merci, en le sollicitant continuellement sans lui laisser assez de repos, en le nourrissant mal ou trop, en ne l'habitant pas assez consciemment ou en ne l'aimant pas. Certaines personnes ne vivent que dans leur tête, en étant coupées de leur corps. D'autres courent et travaillent sans cesse, sans donner à leur corps l'attention et le repos nécessaires. Tous ceux, qui pour une raison ou une autre, maltraitent ainsi leur corps physique, le payent tôt ou tard en épuisement ou maladies diverses et se privent d'un grand bonheur : celui de sentir l'énergie vitale circuler avec fluidité dans leurs jambes, leur bassin, leur ventre, leur torse, leurs bras, leur nuque, leur crâne. »

Un sage prit la parole et dit : « Apprends à connaître, aimer et prendre soin du second cheval, celui de ton corps psychique. Cette seconde monture est invisible par les yeux du corps physique, mais nous sentons son existence à travers notre sensibilité, nos émotions, nos états d'âme. Elle est intermédiaire entre le corps physique et l'esprit, c'est pourquoi on peut aussi bien la qualifier de "corps" que d'"âme" psychique. Or cette dimension psychologique est constamment présente dans notre vécu : nous sommes sans cesse confrontés à des émotions qui influent sur notre moral, notre bonheur, notre relation aux autres, notre perception de la vie. Il est essentiel d'apprendre à connaître notre psychologie et nos émotions : pourquoi fonctionnons-nous ainsi ? Qu'est-ce qui suscite en moi de la joie ou de la peur, de la colère ou de la tristesse, de l'envie ou du désespoir ? Pourquoi je retombe souvent dans les mêmes travers, les mêmes émotions perturbatrices, les mêmes mécanismes de répétition ? Inversement, qu'est-ce qui me met de bonne humeur, me réjouit, me stimule ? Un travail d'introspection est nécessaire à une bonne connaissance de soi. Il peut se faire seul, mais il sera souvent utile, face à des perturbations émotionnelles fortes, de faire appel à un soutien extérieur. Comme il existe des médecins du corps physique, il existe des médecins de notre corps psychique. Il ne faut pas avoir peur de se faire aider par une tierce personne lorsque nous sentons que nous allons mal, que nos émotions nous submergent et nous empêchent d'avoir l'âme en paix. Or bien des blessures viennent de la petite enfance et nous marquent à vie, suscitant à l'âge adulte des comportements ou des émotions qui entravent notre épanouissement. Plutôt que de vivre enchaînés, il est bon de prendre conscience du problème initial et de tenter de le résoudre dans le moment présent, avec la conscience et les ressources, notamment spirituelles, dont nous disposons aujourd'hui. »

Un quatrième sage prit la parole et dit : « Nous vous avons parlé des deux montures de l'attelage, parlons maintenant du cocher. Celui qui doit diriger le corps physique et le corps psychique, c'est l'esprit, ou l'âme spirituelle. Vous devez aussi, ô enfants des hommes, apprendre à connaître, à aimer et à prendre soin de votre esprit. Celui-ci est le don le plus précieux que la vie vous ait offert. Car votre âme spirituelle n'est autre qu'une parcelle infime de l'Âme du monde. C'est par elle que vous vibrez à cette "longueur d'âme" qui relie toute chose et tout être dans l'univers. C'est par elle que vous ressentez la beauté et l'harmonie du monde. C'est par elle que vous pleurez devant un beau paysage ou une œuvre d'art. C'est par elle que vous sentez toute la grandeur de la vie, mais aussi toute la détresse des âmes vides. C'est par elle que vous pouvez donner votre vie pour un inconnu ou ressentir de la compassion pour un étranger. C'est par elle que vous aspirez à une parfaite liberté. C'est elle qui vous met en quête d'un port où exprimer votre vocation. C'est elle qui vous met en quête d'une source qui puisse enfin désaltérer la soif la plus profonde de votre être. »

Un sage prit la parole et dit : « Notre esprit s'incarne en deux lieux et se manifeste par deux voix : l'intelligence et le cœur. L'intelligence nous fait rechercher la connaissance, la vérité et la liberté. Le cœur nous met en quête d'amour. Les deux unis nous font quérir la beauté et la justice. »

Un sage prit la parole et dit : « Écoutez cette histoire véridique. Un groupe d'aborigènes australiens s'avançait un jour dans un paysage aride, en compagnie d'un ethnologue. Celui-ci, qui notait soigneusement tous leurs faits et gestes, remarqua que de temps en temps le groupe, composé d'hommes et de femmes, s'arrêtait un moment plus ou moins long. Ils ne s'arrêtaient ni pour manger, ni pour regarder quelque chose, ni pour s'asseoir ou se reposer. Simplement ils s'arrêtaient. L'ethnologue, après deux ou trois arrêts, leur en demanda les raisons. "C'est très simple, répondirent-ils, nous attendons nos âmes." L'ethnologue demanda quelques explications supplémentaires. Il comprit ainsi que, de temps à autre, les âmes s'arrêtaient en chemin pour regarder, ou sentir, ou écouter quelque chose qui échappait aux corps. C'est pourquoi, alors que les corps continuaient à marcher, les âmes s'arrêtaient quelquefois pendant une heure. Il fallait les attendre.

Nos âmes ont des besoins invisibles pour les yeux du corps. Elles se nourrissent de la beauté du monde, du chant d'un oiseau, de quelques notes de musique, d'un rayon de soleil sur la neige. Elles se nourrissent de connaissance, d'études, de savoir. Elles se nourrissent de relations aimantes, d'échanges désintéressés, de communion avec tout être vivant, de don de soi. Elles se nourrissent de partage, de justice, de fraternité. C'est pourquoi l'être humain doit reconnaître, nourrir, utiliser et faire grandir les deux organes spirituels qui lui sont propres : le cœur et l'intelligence. »

Un sage prit la parole et dit : « Si tu ne nourris que ton corps, tu vivras tel un animal. Si tu ne nourris que ton esprit, tu vivras tel un ange… ce qui peut te valoir de cruels déboires, selon la parole d'un ancien Maître de la sagesse : "Qui veut faire l'ange fait la bête." Nombreux sont en effet les hommes religieux qui répriment les besoins de leur corps et de leur sexualité, qui font la morale aux autres, et qui finissent par chuter et être finalement dominés par des pulsions plus basses que celles des animaux ! »

Un sage prit la parole et dit : « Apprenez donc, ô enfants des hommes, à connaître, à aimer et à prendre soin de vos deux montures et de votre cocher. Ainsi votre attelage avancera convenablement sur le chemin de la vie. Mais pour qu'il puisse vous conduire le plus confortablement et le plus loin possible, encore faut-il que vous appreniez à vos montures et à votre cocher à travailler ensemble. C'est le cocher qui mène l'attelage, harmonise l'effort de deux montures, qui sait où aller, donne la direction et la vitesse justes.

De même, l'esprit doit maîtriser le corps physique et le corps psychique. Maîtriser ne veut pas dire dominer ou tyranniser. L'esprit doit contrôler le corps et le psychisme en les respectant et apprendre aussi d'eux. Alors que les chevaux n'ont pas la compréhension du chemin à parcourir et ne font que réagir à leurs sensations immédiates, l'esprit imprime à la vie une direction et une signification. À l'écoute de l'intelligence et du cœur, il détermine le meilleur chemin à suivre en fonction du but à atteindre. Il hiérarchise les valeurs et fixe des priorités qui permettent de faire le bon choix à chaque carrefour de la vie. »

Un sage prit la parole et dit : « Il existe un exercice merveilleux qui favorise à la fois la connaissance et la bonne entente des deux montures et du cocher : la méditation. La méditation relie le corps, le psychisme et l'esprit. L'exercice s'ancre dans le corps physique : le méditant s'assied le dos bien droit et porte attention à sa respiration qu'il laisse venir, libre et profonde. Puis il place sa conscience dans chaque partie de son corps. Il observe les nombreuses sensations physiques, pensées et émotions qui surgissent. Il ne les suit pas, ne dialogue pas avec elles, mais se contente de les observer et de les laisser passer. Il va alors progressivement découvrir, au-delà de tout ce flot d'émotions et de pensées, la profondeur de son esprit. Il découvre qu'il y a en lui un espace qui échappe à l'envahissement des émotions, un silence au-delà du bruit des pensées, une joie et une paix toujours présentes. L'exercice quotidien de la méditation (ne serait-ce que dix minutes au départ) renforce notre esprit, réunifie notre corps et notre âme. La première fois, c'est très difficile : nous avons mal partout, nous sommes totalement envahis par les pensées. Puis, au fil des jours, le corps se détend, la respiration devient plus profonde et l'esprit de plus en plus apaisé et silencieux. Tel un muscle, nous fortifions cet espace intérieur et le rendons invulnérable à toutes les attaques : celles des pensées ou des émotions qui viennent du psychisme, mais aussi celles des paroles blessantes, des harcèlements psychologiques, des énergies négatives qui nous sont envoyées. »

Un sage prit la parole et dit : « Trop d'hommes auront vécu au fil de leurs instincts, de leurs émotions, ou bien des traditions et des coutumes de leur société, sans jamais avoir fait un vrai choix, sans jamais avoir eu l'intelligence émue par la beauté du savoir, le cœur saisi par la joie du don. Ils auront connu des petits plaisirs, mais pas de grandes joies. Ils auront vécu des amours rassurantes, mais jamais celles qui déchirent le cœur et l'agrandissent aux dimensions du monde. Ils auront mangé à leur faim, mais pas connu l'extase de l'âme face au Beau et au Vrai. Ils auront appris un métier et gagné leur vie, mais sans doute jamais découvert l'activité qui aurait pu les mettre dans l'enthousiasme. Et lorsqu'ils mourront, ils demanderont : “À quoi bon vivre ? L'existence n'avait aucun sens ! Où est-il, le bonheur auquel j'ai parfois aspiré ? Où est-il, l'amour que j'ai désiré ? Où est-elle, la vérité dont on m'a parlé ? Qu'en est-il de la vie dont j'ai rêvé lorsque j'étais enfant ?” Alors, on leur répondra : “Tu avais en toi un esprit qui pouvait donner un sens à ta vie, te conduire au bonheur et à l'amour véritables, te mener vers la vérité et te faire vivre tes rêves... mais tu l'as ignoré." »

*
* *

La nuit était bien avancée et un silence profond régnait dans le monastère. L'un des sages, toutefois, n'arrivait pas à trouver le sommeil et sortit prendre l'air sur la terrasse. Voilà deux nuits qu'il ne pouvait dormir. Il tentait de comprendre la sourde angoisse qui étreignait son âme et il comprit qu'elle venait de la nature même de l'expérience qu'il vivait. Au départ, il avait pleinement adhéré à cette démarche de transmission d'un enseignement universel, mais, maintenant qu'il avait lieu, une petite voix intérieure lui disait : « Ce que tu fais est dangereux. Crois-tu vraiment que tous les cheminements spirituels du monde se valent ? Tu accordes donc si peu de prix à la foi reçue de tes pères, eux qui t'ont enseigné la religion révélée par Dieu lui-même ? Tu enseignes les principes d'une prétendue sagesse universelle, mais tu sembles oublier l'importance des pratiques et des rituels, transmis fidèlement de génération en génération, qui sont si utiles au salut. »

Le sage, profondément troublé par cette voix, ne parvenait pas à l'étouffer. Il alla prier pour essayer d'apaiser son âme.

Au même moment, une petite lumière filtra sous la porte de la chambre de Gabrielle. La philosophe avait aussi du mal à dormir, mais pour une tout autre raison : son cœur était baigné d'un immense sentiment de bonheur. Elle se mit à sangloter dans son lit. Natina alla voir sa mère : « Que se passe-t-il maman ?

— Ne t'inquiète pas, ma chérie. Ce ne sont pas des larmes de tristesse, mais des larmes de joie. Elle serra sa fille dans ses bras. Les hommes se sont tellement déchirés pendant des siècles au nom leurs croyances religieuses… Ce qui se passe ici me bouleverse. J'ai presque peine à y croire.

— Pourtant, maman, ce n'est pas la première fois que des sages se réunissent pour parler ou prier ensemble.

— Tu as raison, mais chacun repart ensuite l'esprit enfermé dans ses propres certitudes. On se donne l'accolade en public, et c'est mieux que de s'entretuer, cependant au fond de soi on continue à penser qu'on a raison et que l'autre a tort. Alors que ce qui se passe ici est d'un autre ordre. Même si certaines manières de dire les choses sont colorées par nos cultures respectives, nous adhérons tous pleinement au contenu de cet enseignement que nous vous transmettons, parce qu'il nous fait vivre. Nous avons découvert, malgré tout ce qui nous sépare, que nos expériences spirituelles répondent aux mêmes lois de la vie intérieure. C'est merveilleux ! Cela signifie que l'être humain est le même partout, qu'il ressent les mêmes aspirations et les mêmes craintes, les mêmes élans du cœur et les mêmes égoïsmes. Ce qui le rassemble est infiniment plus important que ce qui le sépare, et qui n'est que le fruit des différentes cultures.

— Je m'en rends bien compte moi aussi maman, avec Internet. J'ai des amis partout dans le monde. Et peu importe le sexe, la religion ou la langue. On parle de choses qui nous concernent tous : l'amour, l'amitié, nos études, nos passions. Et nous rêvons tous d'un monde et d'un avenir meilleurs, même si nous n'y croyons pas beaucoup.

— Ta génération, celle de la mondialisation, ne s'épuisera pas, au contraire de celles de tes aïeux, à prouver que la vérité est là et pas ailleurs. Mais, comme tu le dis si bien, c'est plutôt le découragement et le désespoir qui vous guettent. »

Gabrielle prit sa fille par les épaules et la regarda dans les yeux : « Comprends bien que le monde peut changer. Et il changera parce que chacun d'entre nous évoluera. C'est la raison pour laquelle l'Âme du monde nous a réunis ici. "Soyez le changement que vous voulez dans le monde", disait Gandhi. Tu verras, mon amour, tu participeras activement à la transformation et à la guérison du monde. »

Troisième jour

Va vers toi-même !
De la vraie liberté

Un chant d'oiseau déchira le ciel. Alors un sage prit la parole et dit : « Écoutez, ô enfants des hommes, le troisième noble enseignement sur la connaissance de soi et la liberté. Tout homme aspire à être libre et c'est là une grande et belle ambition, car que vaut la vie d'un prisonnier ou celle d'un esclave ? Il existe toutefois de nombreuses formes de prison ou de servitude. La plus subtile et la plus pernicieuse, celle que bien peu d'hommes considèrent et dénoncent, c'est la prison intérieure de l'homme esclave de lui-même. Est-il libre, l'homme qui devient nerveux, angoissé, irrité, parce qu'il n'a pas pu fumer sa cigarette ? Est-il libre, l'homme qui ne peut s'empêcher de suivre toutes ses pulsions sexuelles ? Est-il libre, l'homme qui s'adonne au jeu à en perdre tous ses biens ? Est-il libre, l'homme qui passe plusieurs heures par jour devant son écran, sans pouvoir décrocher ? Est-il libre, l'homme qui se laisse emporter par une violente crise de jalousie, allant jusqu'à frapper sa femme ? Est-il libre, l'homme qui est tellement angoissé qu'il ne pourra parler en public, ou celui qui ne pourra rester dans une pièce où il a vu une araignée ?

Nous sommes tous plus ou moins prisonniers de nos peurs, de nos pulsions, de notre caractère, de nos habitudes, de nos émotions. La plupart de nos actions et de nos choix sont mus par ces tendances qui nous dominent. Esclaves de nous-mêmes, nous sommes les seuls à pouvoir nous libérer de cette prison intérieure. »

Un sage prit la parole et dit : « Le début de la libération passe par la connaissance de soi. C'est par une introspection, une fine observation de notre comportement, de nos réactions, de l'affleurement de nos émotions, que nous parvenons progressivement à nous connaître et à comprendre les causes profondes de nos actions. Travailler sur nous-mêmes, corriger nos réactions, modifier nos réflexes spontanés ou nos mauvaises habitudes demande effort et volonté. Mais c'est le prix à payer pour gagner notre liberté intérieure. Car l'homme qui ne se connaît pas est comme un aveugle. Il marche sans assurance et risque à tout instant de heurter un obstacle ou de s'égarer. C'est pourquoi le commencement de la sagesse, c'est de tourner son regard vers soi-même et d'apprendre qui nous sommes, quels sont nos besoins, nos motivations, nos réactions, nos attirances et nos répulsions, nos habitudes, nos addictions, nos émotions les plus fortes et quelles en sont les causes. Comme le disait un ancien Maître de la sagesse : “On ne naît pas libre, on le devient.” »

Un sage prit la parole et dit : « Un vieil homme à l'apparence misérable, mendiant sa vie, s'avançait dans les rues d'une ville. Personne ne lui prêtait attention. Un passant lui dit avec mépris : "Que fais-tu ici ? Tu vois bien que personne ne te connaît."

L'homme pauvre regarda calmement le passant et lui répondit : "Que m'importe ? Je me connais moi-même, et cela me suffit. C'est le contraire qui serait une horreur : que tous me connaissent, et que je m'ignore." »

Un sage prit la parole et dit : « Se connaître soi-même permet d'apprendre à se maîtriser. Car à quoi sert à l'homme de dominer le monde s'il ne sait être maître de lui-même ? La maîtrise de soi exige à la fois connaissance et volonté. Une fois l'obstacle intérieur reconnu, le moyen le plus simple pour se transformer consiste à poser un acte significatif. Prenons l'exemple d'un homme qui a peur du noir. Il a compris que cette peur remonte à sa petite enfance, quand on le laissait seul dans sa chambre la nuit et que ses parents étaient hors de portée de sa voix. La prise de conscience de son handicap l'aidera à progresser, mais la guérison viendra de ses efforts pour vaincre sa peur. Ainsi commencera-t-il par rester un bref instant dans le noir total, en s'appuyant sur la conscience qu'il a aujourd'hui de l'absence de danger. Puis il restera chaque fois quelques minutes de plus jusqu'à ce que son ancienne peur le fasse rire de lui-même et qu'il en soit débarrassé. C'est en posant progressivement des actes positifs que, bien souvent, on arrive à changer. Un peureux posera pas à pas des actes de courage et deviendra progressivement courageux. Un homme qui ne sait contrôler ses pulsions alimentaires ou sexuelles se réfrénera petit à petit et deviendra tempérant. Un autre trop impulsif apprendra progressivement à se contenir et deviendra prudent. Des techniques thérapeutiques, comme des groupes de parole, aident à se débarrasser de peurs ou de mauvaises habitudes. Les moyens de progresser et de se transformer sont abondants de nos jours. Mais encore faut-il vraiment vouloir changer. Or certains hommes se complaisent dans leur prison intérieure. Ils ont peur de la liberté et ne se donnent jamais les moyens de se transformer. Ils se sont habitués à vivre ainsi, derrière les barreaux de leur psyché, et le monde extérieur leur fait peur. Il arrive que certains esclaves, sitôt libérés, retournent dans leur ancienne servitude, ou que d'anciens prisonniers fassent tout pour revenir en prison. On rencontre aussi des personnes qui ne veulent surtout pas devenir libres. La carapace de leurs peurs et de leurs mauvaises habitudes les rassure. Contre cette servitude volontaire, il n'y a rien à faire, sinon espérer que la vie leur devienne trop insupportable et qu'ils décident enfin de se libérer de leurs chaînes. »

Un sage prit la parole et dit : « L'esclavage intérieur ne vient pas seulement de nos pulsions et de nos émotions, mais aussi de l'attachement que nous portons aux objets qui nous entourent. La dépendance à l'égard des choses matérielles est un des esclavages les plus répandus de nos jours. Non seulement nous voulons toujours plus et toujours mieux, mais nous n'arrivons plus à nous passer de ces choses qui n'existaient pas la veille. La plupart des humains ont pu vivre heureux pendant des millénaires sans voiture et sans téléphone portable, sans électricité et sans Internet, sans tout-à-l'égout et sans télévision. Mais imaginons aujourd'hui quelqu'un qui partirait vivre dans un lieu sans rien de tout cela. On le prendrait pour un fou et nul n'aurait envie de le suivre, car nous nous sommes tant habitués à ce confort et à ces objets qu'ils nous semblent indispensables à notre équilibre, voire à notre survie. Il nous serait fort utile au contraire d'apprendre à nous en détacher. À en user librement, sans addiction, en sachant parfois nous en séparer volontairement.

Possédez des objets, mais n'en soyez pas possédés. Usez des biens matériels sans en être esclaves. Voilà un pas important vers la vraie liberté. »

Un sage prit la parole et dit : « Être libre, c'est aussi ne pas agir en fonction du regard d'autrui. Or, bien souvent, nos actions ou nos réactions sont mues par le désir de plaire ou de ne pas déplaire, de se conformer aux usages communs ou bien au contraire de se rebeller contre eux, d'attirer l'attention ou de rester discrets. Agissant ainsi, nous sommes prisonniers du regard des autres. La sagesse consiste aussi à se libérer de ce regard pesant, bien souvent si intériorisé que nous n'en avons pas conscience.

Voici l'histoire d'un enfant qui demande à son père le secret du bonheur. Alors le père dit à son fils de le suivre ; ils sortent de la maison, le père sur leur vieil âne, le fils à pied. Et les gens du village de s'indigner : "Quel mauvais père qui oblige ainsi son fils à aller à pied !

— Tu as entendu mon fils ? Rentrons à la maison."

Le lendemain, le père installe son fils sur l'âne tandis que lui marche à côté. Les gens du village lancent alors : "Quel fils indigne, qui ne respecte pas son vieux père et le laisse aller à pied !

— Tu as entendu, mon fils ? Rentrons à la maison."

Le jour suivant, ils montent tous les deux sur l'âne. Les villageois de dire : "Ils n'ont donc aucun cœur pour surcharger ainsi cette pauvre bête !

— Tu as entendu, mon fils ? Rentrons à la maison."

Le jour suivant, ils partent en portant eux-mêmes leurs affaires, l'âne marchant derrière eux. Les gens du village commentent de plus belle : "Voilà qu'ils portent eux-mêmes leurs bagages maintenant ! C'est le monde à l'envers !

— Tu as entendu mon fils ? Rentrons à la maison."

Arrivés à la maison, le père dit à son fils : "Tu me demandais le secret du bonheur ? Peu importe ce que tu fais, il y aura toujours quelqu'un pour y trouver à redire. Fais ce que tu aimes ou ce que tu penses juste de faire, et tu seras heureux !" »

Un sage prit la parole et dit : « Nous avons tous besoin de reconnaissance, nous ne supportons pas qu'on nous critique et qu'on nous insulte. Ce besoin et cette aversion règnent en tyrans sur notre âme. Nous sommes sans cesse en quête d'un regard approbateur, d'un compliment, d'une gratification, d'un prix honorifique, d'une renommée sociale ou d'une bonne réputation. À l'inverse, nous sommes bouleversés par une critique ou un reproche, blessés par une insulte, même si elle vient d'un parfait inconnu, mis à terre par un échec qui nuit à notre réputation ou à notre prestige. Ce comportement est normal dans l'enfance. Un enfant a besoin d'être conforté, encouragé, récompensé pour ses efforts. De même, il est normal qu'il vive mal les reproches qui atteignent son ego. Mais ce qui est ordinaire chez l'enfant ne l'est pas chez l'adulte. Il est nécessaire de prêter attention à l'avis d'autrui, cependant un être humain doit pouvoir acquérir assez de confiance en lui pour ne plus constamment se soucier de l'approbation ou des critiques d'autrui. Hélas, bien des hommes n'ont pas su, ou n'ont pas pu, acquérir cette confiance, et ils continuent de vivre comme des enfants. La confiance et le juste amour de soi sont indispensables à la croissance de l'être humain, à sa liberté et à son bonheur. »

Un sage prit la parole et dit : « Un homme vient trouver un ancien et lui demande comment être vraiment libre. "Va dans le cimetière, lui dit le sage, et insulte les morts." L'homme pénètre dans le cimetière, injurie les morts et crache sur leurs tombes. Puis il retourne auprès de l'ancien qui lui demande : "Est-ce que les morts t'ont dit quelque chose ?

— Non.

— Retourne dans le cimetière et chante leurs louanges."

L'homme s'exécute puis revient auprès du sage qui lui dit : "Est-ce que les morts t'ont dit quelque chose ?

— Non.

— Eh bien, voici mon conseil : pour être libre, passe comme un mort entre le mépris et la louange." »

Un sage prit la parole et dit : « Il faut apprendre non seulement à se libérer de tout ce qui nous limite et nous conditionne dans notre corps et notre psychisme, mais aussi du conditionnement familial et social dont nous avons hérité. Cela peut vous paraître choquant, ô enfants des hommes, car vous tenez certainement en respect les valeurs, les croyances et le savoir que vos parents et la société vous ont transmis. Et vous avez raison. Mais vient un âge, et vous n'en êtes pas loin, où l'adulte doit passer au crible de sa raison et de l'expérience tout ce qui lui a été transmis pour en vérifier le bien-fondé. C'est nécessaire à la quête de la sagesse, parce que chaque famille et chaque groupe humain transmettent des croyances et des valeurs qui lui sont propres, mais qui ne sont ni sans préjugés ni sans a priori. Certaines d'entre elles sont erronées, d'autres inadaptées aux défis du temps présent, d'autres limitées, d'autres encore inappropriées au caractère ou au destin de certains individus.

Pour être vraiment libre et devenir pleinement lui-même, un être humain doit chercher la vérité sans préjugés et sans œillères, ce qui le conduit aussi à remettre en cause, de manière constructive, son héritage familial et culturel. Dans cet héritage, nous comprenons aussi la religion. Car à quoi sert de suivre une religion à laquelle on n'adhère pas de tout son cœur et de toute son intelligence ? L'homme doit donc remettre en cause les dogmes, la morale et les croyances hérités de ses pères. Quitte ensuite à se les réapproprier. Mais ce sera alors un choix personnel, libre et conscient. Ne vous endormez pas sur des certitudes acquises, mais recherchez toujours la vérité car, comme l'a dit un ancien Maître de la sagesse : “La vérité vous rendra libres.” »

Un sage prit la parole et dit : « Apprenez, ô enfants des hommes, à passer de l'ignorance à la connaissance. Car l'ignorance est la cause de la plupart des maux. Développez votre intelligence et vos connaissances pour apprendre à discerner. Toute votre vie, vous aurez à discerner le vrai du faux, le juste de l'injuste, le positif du négatif, l'utile de l'inutile, le nécessaire du superflu. La connaissance de vous-mêmes et du monde vous rendra libres et capables de faire les justes choix pour mener une vie bonne. Mais rappelez-vous que la connaissance de soi est la plus importante. C'est pourquoi un ancien Maître de la sagesse disait : "Connais-toi toi-même, et tu connaîtras le monde et les dieux." »

Un sage prit la parole et dit : « Un vieil homme est assis à l'entrée d'une ville. Un étranger s'approche et lui demande : "Je ne suis jamais venu dans cette cité ; comment sont les gens qui vivent ici ?"

Le vieil homme lui répond par une question : "Comment étaient les habitants de la ville d'où tu viens ?

— Égoïstes et méchants. C'est la raison pour laquelle je suis parti", dit l'étranger.

Le vieil homme répond : "Tu trouveras les mêmes ici."

Un peu plus tard, un autre étranger s'approche et demande au vieil homme : "Je viens d'arriver ; dis-moi comment sont les gens qui vivent dans cette ville ?"

Le vieil homme répond : "Dis-moi, mon ami, comment étaient les gens dans la cité d'où tu viens ?

— Ils étaient bons et accueillants ; j'y avais de nombreux amis. J'ai eu de la peine à les quitter.

— Tu trouveras les mêmes ici", répond le vieil homme.

Comment le vieillard peut-il donner deux réponses opposées à la même question ? Parce que chacun porte son univers dans son cœur. Deux frères, deux amis, deux époux ne verront jamais le monde de manière identique, même s'ils partagent le même quotidien. »

Un sage prit la parole et dit : « Le regard que nous portons sur le monde n'est pas le monde lui-même, mais le monde tel que nous le percevons à travers le prisme de notre sensibilité, de nos émotions, de notre esprit, de notre culture. Si le monde vous apparaît triste ou hostile, transformez votre regard et il vous apparaîtra autrement. C'est par un travail intérieur, psychologique et spirituel, que nous pouvons véritablement changer et faire évoluer notre perception du monde extérieur. »

*

* *

Lorsque le soleil disparut derrière la montagne blanche, les sages restèrent en silence. Puis chacun partit tranquillement vaquer à ses occupations pendant les quelques heures qui le séparaient du repas du soir. Maître Kong, son téléphone à la main, vint trouver Cheik Youssuf qui se reposait dans sa cellule : « Votre femme, que vous avez appelée il y a quelques jours, a tenté de vous joindre. Plusieurs fois, même. Je pense que vous devriez la rappeler. » Le vieux Chinois laissa son téléphone au Nigérian et se rendit dans la salle à manger pour le repas commun. Une dizaine de minutes plus tard, le soufi les rejoignit. Il marchait en titubant, tel un boxeur K.-O. debout et dit : « Ma petite fille est en train de mourir. » Puis il s'écroula sur le sol. Entre deux sanglots, il implora Allah : « Mon Dieu, Toi, le créateur de la vie, Tu as décidé de reprendre celle de ma petite Leila. Je sais que Tu prendras soin de l'âme de mon enfant, mais donne-nous la force, à moi et à ma femme, de supporter cette séparation ! » Puis il pleura de plus belle. En voyant ce géant anéanti par la tristesse, tous furent saisis de compassion. Ma Ananda se leva et le prit dans ses bras. Elle le berça telle une mère en lui caressant les cheveux. Lorsque les sanglots du Cheik s'apaisèrent, Rabbi Schlomo lui demanda quel mal avait son enfant. « Elle est tout juste âgée de deux mois et a une forte fièvre qu'aucun remède ne peut guérir. Elle est déjà dans le coma et le médecin dit qu'elle n'en a plus que pour quelques heures. Je n'ai même pas pu entendre une dernière fois le délicieux gazouillement de sa voix. » La chamane Ansya se leva et quitta la pièce. Elle revint avec son tambour et commença à danser au son sourd et saccadé de l'instrument. Puis son regard se figea. Elle alla vers le géant, toujours assis au sol et enveloppé des bras de Ma Ananda. Elle lui saisit les deux mains. Une force traversa le corps du soufi. Il eut l'impression qu'un courant électrique allait se loger dans son âme. La chamane parlait d'une voix étrange qui n'était pas celle qu'on lui connaissait habituellement. Cette voix était beaucoup plus grave et puissante. Elle parlait dans sa langue natale et semblait converser avec des esprits invisibles. Puis elle revint au centre de la pièce et dansa à nouveau de manière de plus en plus rythmée. Elle effectuait des grands gestes, comme si elle cherchait à éloigner d'elle quelque chose de mystérieux. Cela dura au moins une heure ; tous étaient suspendus aux sons et aux gestes de la chamane et nul ne vit le temps passer. Soudain, Ansya cria d'une voix si puissante que plusieurs sages furent saisis d'effroi. Elle resta figée un temps, puis s'écroula sur le sol comme inanimée. Gabrielle et le père Pedro se précipitèrent vers elle, mais la chamane reprit aussitôt ses esprits. « Tout va bien, dit-elle d'une voix douce qui tranchait avec celle qu'elle avait eue durant la transe. Le mal a quitté le corps de la fillette. J'ai juste besoin de me reposer. » Elle quitta la pièce pour rejoindre sa cellule. Les autres sages étaient médusés.

Le téléphone cellulaire de Maître Kong sonna. C'était la femme de Cheik Youssuf qui lui annonçait que Leila était sortie du coma et que la fièvre l'avait quittée. Le soufi tomba face contre terre et remercia le Ciel à chaudes larmes. Natina souffla à sa mère : « C'est plutôt Ansya qu'il devrait remercier ! » Gabrielle lui répondit : « Peu importe qui il remercie. La chamane s'est reliée à l'Âme du monde qui a guéri l'enfant. Pour notre ami, l'Âme du monde est la manifestation de Dieu dans l'univers. Qu'on remercie Dieu, la force mystérieuse qui meut le cosmos ou la chamane qui a été l'instrument de cette force revient au même. Réjouissons-nous que Leila soit en vie ! »

Cet événement étonnant bouleversa le cœur de tous. Ils rejoignirent leurs chambres et tentèrent de dormir. Le lendemain matin, ils se retrouvèrent joyeusement, d'autant plus que Maître Kong venait de recevoir un nouvel appel d'Afrique confirmant le rétablissement de la fillette. Cheik Youssuf étreignit longuement Ansya, qui semblait parfaitement remise de l'épuisant rituel de la veille. Puis les sages reprirent leur place sur la terrasse. Le silence qui précéda cette quatrième journée d'enseignement avait un parfum de joie et de douceur.

Quatrième jour

Ouvre ton cœur
De l'amour

Un sage prit la parole et dit : « Écoutez, ô enfants des hommes, le quatrième noble enseignement sur l'amour. L'amour est une énergie puissante, la plus puissante qui soit, qui englobe l'univers. L'amour vient de l'Âme du monde. L'amour tient ensemble les parties du Tout. L'amour permet le dépassement de soi, de l'intérêt égoïste des êtres, pour les relier entre eux. L'amour prend mille formes. Mais à travers tous ses visages, l'amour fait toujours entendre la même musique du lien et du don. »

Un sage prit la parole et dit : « Les êtres humains sont naturellement portés à suivre leur propre intérêt. L'amour résonne en eux comme une soif et un appel profonds, mais ceux-ci peuvent rester étouffés par la force de leur ego. L'ego veut prendre et dominer. L'amour lui apprendra qu'il y a plus de bonheur à donner et à servir. »

Un sage prit la parole et dit : « L'éducation est nécessaire pour apprendre à dépasser la tyrannie de l'ego et tenir compte de l'autre. Le principe de toute éducation à la vie en société se résume en cette phrase : “Ne fais pas à autrui ce que tu ne veux pas qu'il te fasse.” Cette Règle d'or, présente dans toutes les cultures du monde, se fonde sur l'égoïsme pour faire comprendre la nécessité de l'altruisme. “Tu ne veux pas qu'on prenne ta vie ? Ne prends pas celle de ton prochain. Tu ne veux pas qu'on vole tes biens ? Ne vole pas ceux d'autrui. Tu ne souhaites pas qu'on te mente ou qu'on t'insulte ? Ne mens pas et n'insulte pas les autres.” Les lois et les codes moraux les plus anciens se fondent sur cette Règle d'or. Mais la morale et la loi, aussi nécessaires soient-elles à la vie en société, ne sont pas l'amour. Car l'amour ne se commande pas ! Les hommes respectent la loi morale par sagesse, par raison, par obéissance ou par crainte, mais pas par amour. L'amour se réjouit de la loi qui est nécessaire à la vie commune des hommes, mais il ne l'inspire pas. L'amour demande plus et autre chose que la loi. L'amour demande une adhésion profonde, un élan vers l'autre qui apporte une joie. La morale est la loi de la raison, l'amour est la loi du cœur. »

Un sage prit la parole et dit : « Cet élan du cœur qui nous pousse à aimer et à nous attacher à l'autre prend de nombreux visages. Il y a l'amour de la mère pour son enfant et celui de l'enfant pour sa mère. Il y a celui du père pour son enfant et de l'enfant pour son père. Il y a celui des frères et sœurs qui ont grandi ensemble. Il y a celui des amis, qui se sont choisis librement, et qui s'aiment réciproquement d'un amour d'amitié. Il y a l'amour des amants qui se désirent intensément et s'aiment avec passion. Il y a l'amour des époux qui ont choisi de construire leur vie ensemble. Il y a l'amour du maître pour le disciple et du disciple pour le maître qui lui apprend à vivre et à grandir. Il y a aussi l'amour que nous ressentons pour des animaux qui nous sont proches, l'amour de la terre et du monde. »

Un sage prit la parole et dit : « Toutes ces formes d'amour peuvent dilater notre cœur, l'agrandir, le faire vibrer. L'amour nous fait comprendre que nous ne pouvons être heureux sans les autres. L'amour nous révèle que nous sommes faits pour la relation et que le dépassement de notre ego est source de joie. »

Un sage prit la parole et dit : « Mais l'amour comporte aussi de nombreux pièges et peut causer bien des blessures. La relation que nous entretenons enfant avec nos parents est déterminante. Elle conditionnera ensuite notre manière d'aimer. Si nous avons été aimés de manière excessive ou possessive, nous craindrons d'être dévorés par les autres. Dans toute relation de cœur, nous aurons peur de perdre notre liberté. À l'inverse, si nous avons été mal aimés ou si nos parents n'ont pas su trouver les mots et les gestes justes pour dire leur amour, alors nous manquerons de confiance en nous et dans les autres. Nous redouterons toujours d'être rejetés ou abandonnés et nous aurons du mal à nous engager. Nous reproduisons dans nos relations amoureuses le conditionnement affectif de notre petite enfance. Ces blessures du cœur peuvent guérir au fil de la vie, par une prise de conscience, des thérapies et des rencontres appropriées. Pour nombre d'êtres humains, une guérison du cœur est nécessaire pour pouvoir vivre des relations aimantes et harmonieuses. Si nous ne nous aimons pas nous-mêmes, si nous n'avons découvert de manière juste que nous étions aimables, nous aurons du mal à aimer de manière juste. Notre amour sera toujours dévié par la blessure de notre cœur et nous aimerons de manière trop possessive ou bien trop détachée, angoissée ou bien superficielle, voire perverse, si la blessure est profonde et inconsciente. »

Un sage prit la parole et dit : « Il existe donc de nombreux pièges de l'amour et la connaissance de soi est indispensable pour apprendre à aimer de manière libre et non conditionnée, de manière fluide, de manière vraie. De même nous faut-il apprendre à reconnaître les différents visages de l'amour et à ne pas tous les ramener à un seul : celui de la passion amoureuse. Bien des humains, en effet, identifient l'amour à la passion, au désir brûlant de l'autre, à la joie spontanée qui accompagne la naissance du sentiment amoureux. Or la passion amoureuse est souvent illusoire. Nous projetons sur l'autre nos attentes, nous retrouvons en lui inconsciemment une énergie qui nous évoque celle, bonne ou mauvaise, de l'un de nos parents. Bien souvent, nous allons idéaliser l'autre et le parer de qualités qu'il n'a pas. De même la passion – c'est ce qui la rend si intense et plaisante – repose sur le désir sexuel. Or celui-ci peut s'émousser avec le temps. Lorsque la joie diminue, lorsque le désir sexuel décroît, lorsque la passion se refroidit et que nous devenons plus conscients de qui est vraiment l'autre, beaucoup pensent que l'amour est fini. Si cette relation ne reposait que sur le désir et la passion, certes. Mais qu'en est-il de l'amitié qui peut relier aussi les amants ? De la tendresse profonde qui peut croître entre deux êtres au fil du temps qu'ils passent ensemble et des expériences partagées ? De cet amour de l'autre pour ce qu'il est, et non pas seulement pour ce qu'il m'apporte, et qui peut aussi grandir avec le temps ? De nombreuses formes d'amour peuvent cohabiter et il est précieux de les reconnaître pour permettre à la relation de se développer de manière vraie et harmonieuse. »

Un sage prit la parole et dit : « Dans la vie amoureuse, certains êtres sont faits pour aimer plusieurs personnes. D'autres se concentreront tout au long de leur existence à la poursuite d'un seul amour, et y mettront toutes leurs forces. C'est ce qu'apprit d'une simple fourmi un grand roi qui avait de nombreuses femmes et concubines. Cheminant un jour par les sentiers du désert, il rencontre une fourmillière. Toutes les fourmis viennent aussitôt saluer l'empreinte de ses pas. Une seule ne se soucie pas de sa présence. Elle reste occupée à un labeur apparemment infini. Le roi l'aperçoit et se penche sur son corps minuscule : "Que fais-tu donc, petite bête ?"

Sans se laisser autrement distraire de son travail, la fourmi lui répond : "Vois, grand roi, un grain après l'autre, je déplace ce tas de sable.

— N'est-ce point là une tâche au-dessus de tes faibles forces ? Ce tas de sable te dépasse de si haut que tes yeux ne sauraient en voir le sommet.

— Ô grand roi, c'est pour l'amour de ma bien-aimée que je travaille. Cet obstacle me sépare d'elle. Rien ne pourra me distraire de ce labeur. Et si à cette œuvre j'use toutes mes forces, au moins je mourrai dans la bienheureuse folie de l'espérance."

Ainsi parla la fourmi amoureuse. Ainsi le roi découvrit, sur le sentier du désert, le feu du grand amour. »

Un sage prit la parole et dit : « Une erreur courante consiste à ramener l'amour à ses seuls visages de la relation parent/enfant, du couple ou de l'amitié. L'amour s'exprime en effet de ces diverses manières. Mais il peut prendre bien d'autres formes. L'amour d'un paysage ou d'une œuvre d'art peut ouvrir notre cœur à des dimensions aussi vastes qu'une relation amoureuse. Notre cœur, une fois qu'il résonne à la vibration de l'Âme du monde, peut s'émouvoir d'un rien : un sourire, une fleur qui éclot, un nuage dans le ciel, le regard d'un inconnu croisé dans la rue. Il ressent de la compassion pour tout être vivant. Il réprouve avec force toute forme de cruauté, non seulement envers les humains, mais aussi envers les bêtes, quelles qu'en soient les raisons. Il aime le monde, l'univers, la vie. »

Un sage prit la parole et dit : « Lorsqu'il prend racine dans notre cœur, cet amour universel transforme notre façon d'être et de vivre. Il n'y a plus ni étranger ni lointain. Tout être vivant nous est proche, toute souffrance nous concerne. Tout être est notre ami, notre parent, notre enfant. »

Un sage prit la parole et dit : « Un maître demande à ses disciples : "Comment reconnaître le moment où la nuit s'achève et où le jour se lève ?

— Lorsque l'on peut distinguer un chien d'un loup, répond un disciple.

— Ce n'est pas la réponse, dit le maître.

— Quand on peut différencier un figuier d'un olivier, suggère un autre.

— Ce n'est pas non plus la réponse, dit le maître.

— Alors comment ? demandent en chœur les disciples.

— Quand, voyant un inconnu, nous reconnaissons en lui un frère, alors le jour se lève et la nuit prend fin." »

Un sage prit la parole et dit : « Cet amour-là est sans commencement et sans fin. Il est sans peur et sans frontière. Il est sans attentes. Il donne et reçoit sans jamais se plaindre ni réclamer. Il n'y a plus "moi" et "les autres". Il y a "nous". Il n'y a plus ni homme ni femme, ni riches ni pauvres, ni Américains ni Chinois, ni bouddhistes ni musulmans, ni Orient ni Occident, ni faibles ni puissants, ni justes ni pécheurs, ni purs ni impurs. Il n'y a que la coupe de l'amour qui englobe tout et tous. »

Un sage prit la parole et dit : « L'amour ne rend pas coup pour coup, œil pour œil ou dent pour dent. L'amour nous apprend à pardonner plutôt qu'à nous venger, à consoler plutôt qu'à être consolé, à partager plutôt qu'à accumuler, à donner plutôt qu'à recevoir, à comprendre plutôt qu'à juger. Mais l'amour nous apprend aussi à corriger, à éduquer, à être juste, à recevoir, à accepter d'être consolé et soutenu. L'amour est un échange permanent entre le monde et nous. Un échange qui se fait le cœur grand ouvert. »

Un sage prit la parole et dit : « L'amour nous lie sans nous attacher. L'amour nous engage sans nous enfermer. L'amour nous fait trembler sans nous mettre dans la crainte. L'amour nous fait pleurer sans refermer notre cœur. L'amour nous fait désirer sans posséder. L'amour nous enchaîne et nous rend libre. L'amour nous ancre et nous ouvre à l'univers entier. »

*
*   *

Tenzin et Natina quittèrent les derniers la terrasse du monastère. Le jeune lama avait senti au fil de la journée une certaine agitation chez son amie. « Ça va ? » lui demanda-t-il une fois les sages partis.

Natina répondit par une moue, se leva et marmonna :

« J'ai l'impression que je n'arriverai jamais à retenir et encore moins à vivre tout ça ! C'est bien beau, la sagesse, mais je suis peut-être faite pour autre chose.

— Que veux-tu dire ?

— Je ne veux pas en parler. Tu ne comprendrais pas.

— Au contraire, parlons-en. Je peux très bien comprendre ce que tu ressens, Natina. »

La jeune fille se leva avec une vive énergie.

« Mais non, tu ne peux pas comprendre ! Tu vis comme un moine depuis que tu es enfant, toi ! Tu as été élevé à l'amour cosmique, à la liberté de l'esprit, à la sagesse universelle. Moi, je rêve de rencontrer le prince charmant, de rigoler avec mes amies et de m'éclater dans la vie ! Voilà ! Alors si tu peux comprendre ça... »

Tenzin resta silencieux quelques instants. Puis il alla vers Natina et tenta de lui prendre la main. La jeune fille la retira aussitôt et détourna le visage en essuyant une larme. Tenzin ne s'en offusqua pas et poursuivit :

« Tu sais, Natina, je n'ai pas choisi cette vie au milieu des moines. On m'a retiré à ma famille quand j'avais deux ans et je n'ai rien connu d'autre que ce monastère. Lama Dorjé a été comme une mère pour moi, mais ça n'a sans doute jamais remplacé les bras et la tendresse d'une vraie mère. Parfois, c'est vrai, j'ai envie de m'amuser davantage, de jouer au foot ou de faire de la guitare, comme les garçons de mon âge. Plein de choses me manquent. Et en même temps, je crois que j'ai une chance immense d'être ici, de recevoir cet enseignement, d'avoir pu apprendre très jeune que la vie n'est pas absurde, mais qu'elle a un sens profond et qu'il est capital de ne pas passer à côté de ce précieux cadeau qu'est l'existence humaine. Peut-être qu'un jour je quitterai ce monastère. Peut-être que je vivrai comme tout le monde, que je me marierai et que j'aurai des enfants. Mais au moins, j'aurai appris tout ça. Quand je mourrai, je ne pourrai pas dire que je ne savais pas et peut-être que bien des choses que j'aurai apprises ici me seront utiles quand je serai facteur ou plombier, dans la banlieue de Londres ou de Pékin… »

Natina éclata de rire.

« Ne dis pas de bêtises, tu es nul de tes dix doigts. Mieux vaut que tu deviennes moine. »

Puis elle alla vers le garçon et le serra dans ses bras.

« Je t'aime, Tenzin. De quel amour ? Je ne sais pas. Mais tu es l'être le plus merveilleux que j'aie jamais rencontré.

— Moi aussi, je t'aime, Natina, répondit le jeune lama au bord des larmes. Tu seras toujours dans mon cœur. »

Les deux adolescents restèrent longtemps dans cette étreinte, puis ils se retirèrent doucement. Natina glissa un baiser furtif sur la joue de Tenzin, juste à la commissure de ses lèvres, et partit en courant. Elle arriva dans la chambre qu'elle partageait avec sa mère et fondit en larmes. Des larmes douces et chaudes.

Gabrielle vit que sa fille était épuisée. Elle lui proposa d'aller marcher hors du monastère, mais la jeune fille refusa. « Tu as envie de rentrer et de retrouver tes amis, ma chérie ? » Natina acquiesça. Gabrielle resta silencieuse. Une idée lui traversa soudain l'esprit. « Attends-moi ici », dit-elle à sa fille en se levant délicatement. Puis elle quitta la pièce. Elle revint dix minutes plus tard avec Maître Kong qui tenait en main son téléphone satellitaire et un ordinateur portable. « Allons voir si tu as de nouveaux amis sur Facebook ! » lança le vieux Chinois dans un ricanement joyeux.

Cette nuit-là, Natina retrouva la paix et Tenzin ne put trouver le sommeil tant son cœur battait fort. Mais il était heureux.

Cinquième jour

Le jardin de l'âme
Des qualités à cultiver et des poisons à rejeter

Au matin du cinquième jour, alors que le soleil surgissait au-dessus de la montagne blanche, un sage prit la parole et dit : « Écoutez, ô enfants des hommes, le cinquième noble enseignement sur les qualités à développer et les poisons à rejeter pour atteindre la sagesse véritable et la paix du cœur. Car le cœur et l'esprit de l'homme sont tissés de qualités et de défauts, de bonnes et de mauvaises habitudes, de vertus et parfois de vices. Il lui faut apprendre à discerner ce qui est bon et ce qui est mauvais pour lui. Il lui faut non seulement opérer ce discernement, mais aussi tout mettre en œuvre, par son intelligence et sa volonté, pour développer ce qui le rend meilleur et le fait grandir, mais aussi éliminer ce qui l'abaisse et l'obscurcit. Lui, et lui seul, peut faire ce discernement et ce choix qui conditionneront toute sa vie. »

Un sage prit la parole et dit : « Un soir, un vieux sage s'adresse à son petit-fils en ces termes : "Mon enfant, il y a une lutte entre deux loups à l'intérieur de chacun de nous. L'un est mauvais et l'autre est bon."

Le petit-fils réfléchit quelques instants, puis demande à son grand-père : "Quel loup va gagner ?

— Celui que tu nourris." »

Un sage prit la parole et dit : « Nourris ce qu'il y a de bon, de juste, de lumineux en toi. Affame ce qu'il y a de mauvais, de négatif, d'obscur. Car c'est en pratiquant la vertu qu'on devient vertueux et c'est en développant nos mauvais penchants qu'on devient vicieux. Plus nous vieillissons, plus il devient difficile de nous transformer, d'éliminer les poisons qui nous détruisent ou de développer les qualités qui sommeillent en nous. Alors ne tardez pas, ô enfants des hommes ! Prenez dès à présent, et chaque jour, bien soin du jardin de votre âme. Arrosez-le, cultivez-le, enlevez les mauvaises herbes avant qu'elles n'envahissent tout. Restez attentifs à faire pousser les bonnes graines, aussi petites soient-elles. Soyez patients et persévérants. Bientôt vous en récolterez les fruits. »

Un sage prit la parole et dit : « Cultivez l'émerveillement. Ne cessez jamais d'admirer la beauté, l'harmonie et la bonté du monde. Ne cessez jamais, tels d'éternels enfants curieux de tout, de vous interroger. "L'étonnement est le début de la sagesse", disait un ancien Maître de la sagesse, car il nous conduit à nous interroger et à découvrir l'invisible derrière les choses visibles. Il nous mène à la vérité. Il nous transporte jusqu'à l'Âme du monde. Fuyez au contraire l'indifférence à vous-mêmes, aux autres et au monde. Fuyez l'insensibilité, ne soyez jamais blasés, satisfaits ou repus. Car alors votre esprit s'endormira. Il se satisfera de quelques certitudes et ne saura plus questionner le monde. Il sera telle une vieille souche sans sève et votre vie sera sans saveur, sans intelligence et sans joie. »

Un sage prit la parole et dit : « Cultivez l'effort. Travaillez sans cesse à vous améliorer et à réaliser quelque chose qui vous transforme. Œuvrez pour vous-mêmes, pour les autres et pour le monde. Créez, agissez, ne laissez jamais passer une journée sans avoir accompli la moindre tâche, fût-elle tout intérieure. Prenez garde à la paresse ! Le repos est nécessaire après l'activité. Mais la paresse n'est pas le repos : c'est l'absence de force et de motivation. C'est le refus de l'effort qui donne l'illusion du bien-être et du repos. Quel mensonge ! Notre corps et notre âme ont besoin d'activité, de travail, d'action pour s'épanouir. La paresse fatigue plus qu'elle ne repose. Elle nous alourdit et nous décompose. Sans action, sans effort, sans réflexion et sans activité, nous pouvons parfois encore être de quelque utilité, mais plus pour nous-mêmes. Nous avons cessé de croître et de prospérer. Nous nous sommes résignés au déclin de notre être et nous survivons en attendant la mort, sans même la désirer. »

Un sage prit la parole et dit : « Cultivez la douceur. Soyez doux et tendres envers vous-mêmes et envers les autres. Les fruits de la douceur sont la paix du cœur et la paix du monde. Ne répondez jamais à la violence par la violence, à l'insulte par l'insulte, à la colère par la colère. La violence conduit à la destruction de soi-même et du monde. Parfois, il est juste que vos colères puissent s'exprimer. Mais apprenez à les maîtriser, à les arrêter au bon moment. Ne vous laissez pas posséder par elles, car elles pourront vous conduire à des actes que vous regretterez amèrement. »

Un sage prit la parole et dit : « Cultivez la bonne humeur, la gaieté, l'humour ! Rien n'est pire qu'un homme sans humour, qui ne voit dans l'existence que le sérieux, le tragique ou l'utile. L'humour ne sert à rien, mais il n'y a rien de plus indispensable à une existence heureuse. L'humour ne nie pas le tragique, mais le détourne, crée un recul avec la douleur, et peut transformer les larmes en rire. Essayez de rire chaque jour, à commencer de vous-mêmes ! La bonne humeur et la gaieté entretiennent un regard positif sur la vie et nous permettent de mieux accueillir les événements difficiles qui surviennent.

Une mère sermonne son garçon : "Écoute, si tu es sage, tu iras au ciel, et si tu n'es pas sage, tu iras en enfer."

Le garçon réfléchit quelques secondes :

"Et qu'est-ce que je dois faire pour aller au cirque ?" »

Un sage prit la parole et dit : « Cultivez la foi et la confiance. Ce sont les deux bâtons sur lesquels vous appuyer pour avancer dans la vie. S'il n'avait foi et confiance en sa mère, le petit enfant ne pourrait prendre aucun risque. Il ne pourrait grandir intérieurement, il ne saurait se confronter au monde. Adultes, nous pouvons considérer que l'Âme du monde est notre mère. Elle veille sur nous avec bienveillance et nous donne la force pour avancer. Ayons foi en elle, ayons confiance en la vie, et prenons le risque de connaître, de marcher, de partir, de changer. La vie nous guidera toujours vers le meilleur. Chassons de notre esprit l'inquiétude qui le paralyse et nous empêche de grandir. Chassons l'anxiété qui nous ronge l'âme. Chassons le doute qui nous rend incapables de faire confiance à nos propres capacités ; qui nous rend incapables de nous appuyer sur les autres et de saisir les mains tendues ; qui détruit la foi spontanée que tout enfant a en la vie et qui est un don si précieux. »

Un sage prit la parole et dit : « Cultivez la générosité. Soyez généreux envers la vie et la vie sera généreuse envers vous. Un ancien Maître de la sagesse disait : “Il y a plus de joie à donner qu'à recevoir.” Découvrez cette loi profonde du cœur humain : plus vous serez ouverts et généreux, plus vous serez heureux. À l'inverse si vous êtes mesquins, avares, égoïstes, votre cœur se fermera. Vos possessions et vos richesses ne vous apporteront aucun bonheur profond, aucune joie véritable. »

Un sage prit la parole et dit : « Cultivez le courage et la force. Apprenez à dépasser vos peurs. Confrontez-vous à elles et, petit à petit, vous apprendrez à les vaincre. Certaines disparaîtront totalement, d'autres subsisteront mais ne vous paralyseront plus. Vous découvrirez que vous êtes plus forts qu'elles. »

Un sage prit la parole et dit : « Cultivez la bienveillance et la bonté. Il y a des forces de bonté enfouies dans le cœur de tout être humain. Réveillez-les ! Voyez comme elles sont puissantes ! La bonté transforme toute amertume en douceur et toutes ténèbres en lumière. Ne jugez pas les autres. Soyez compréhensifs et patients. Voici l'histoire d'un homme très religieux et d'une prostituée qui vivent dans la même rue. Lui prie sans cesse, mène une vie pieuse et austère et enseigne le chemin de Dieu. Il croit être un saint. Un jour, il vient sermonner la prostituée qui vend son corps pour survivre. "Tu es une grande pécheresse. Ton destin sera terrible." La pauvre femme supplie Dieu de lui pardonner. Mais elle doit continuer à exercer son métier, n'ayant pas d'autre moyen de subsistance. L'homme religieux et la prostituée meurent le même jour. Les anges viennent chercher la femme et l'emportent au ciel tandis que les démons réclament l'âme du religieux.

"Comment, s'écrie-t-il, n'ai-je donc pas vécu saintement et prêché à tous les voies qui mènent à Dieu ? Pourquoi dois-je aller en enfer alors que cette femme de mauvaise vie est conduite au ciel ?

— C'est, répondent les démons, parce que cette pauvre femme, lorsqu'elle était obligée d'accomplir des actions négatives, avait toujours l'esprit tourné vers Dieu. Toi, au contraire, lorsque tu accomplissais tes saintes dévotions, tu avais toujours l'esprit tourné vers les défauts de tes semblables. Tu étais obsédé par le péché, aussi dois-tu maintenant te rendre là où n'existe que le péché." »

Un sage prit la parole et dit : « Cultivez l'esprit de vérité. Chassez les ténèbres de l'ignorance par la recherche sincère de ce qui est vrai. Ne mentez pas, car le mensonge est un des principaux poisons de l'âme. Il détruit en vous le sens du vrai ; il fausse toute relation et vous empêche de progresser. Parfois, cependant, l'amour peut conduire à taire des vérités trop douloureuses qui blesseraient inutilement un être. Mais soyez attentifs à ne pas vous servir de ce juste prétexte pour vivre dans le mensonge, ou surprotéger des personnes qui préféreraient connaître la vérité, sur leur état de santé, sur une infidélité ou un état amoureux, par exemple.

N'ayez pas peur de la vérité, même si elle vous fera parfois souffrir. La vérité vous conduira vers des pays inconnus, vers des horizons nouveaux. Il vous faudra quitter le confort de vos habitudes mentales et de vos certitudes. Mais la vérité libérera votre esprit de toutes ses servitudes. »

Un sage prit la parole et dit : « Cultivez la souplesse. La vie est en devenir permanent. La souplesse vous permet de vous adapter au mouvement de la vie. Elle vous permet de réagir avec justesse à un événement imprévu, à une attitude d'autrui qui vous surprend. Soyez souples comme le roseau, qui sait plier lorsque le vent est fort, mais qui ne rompt jamais. La rigidité, au contraire, vous rend inaptes au flux de la vie. Elle vous fixe dans des attitudes et des principes qui peuvent parfois se révéler inappropriés aux circonstances ou à l'évolution de votre être. »

Un sage prit la parole et dit : « Cultivez la justice, cette vertu suprême sans laquelle rien ne vaut. Car quelle valeur a le courage d'un tyran ? La justice sous-tend toute action morale. Sans justice, aucune vie commune n'est possible. Sans règles qui apparaissent comme moralement justes, qui se veulent équitables et bien appliquées, sans discernement du vrai et du faux et sans sanction de la faute, aucune société n'est viable. Rien, sans doute, ne nous met plus en colère que l'injustice. Tant enfant qu'adulte. Car nous ressentons toujours l'injustice comme inacceptable. Mais distinguons bien l'injustice qui vient des hommes et contre laquelle nous devrons toujours combattre de toutes nos forces, de l'injustice que nous percevons de la vie. La vie nous apparaît en effet parfois injuste : telle personne est mieux lotie par le destin que telle autre ; nous avons fait un travail formidable et il n'est pas reconnu ; un homme mauvais va avoir une longévité et une chance incroyables, alors qu'un homme bon mourra précocement ou sera durement frappé par le sort. Il y a bien, en effet, une injustice apparente dans la vie. Mais pour nous qui croyons en l'immortalité de l'esprit, nous pensons que nul ne peut savoir ce qui est peut-être advenu dans une vie passée et ce qui adviendra certainement dans une vie future. Nous croyons que la justice de la vie ne peut se mesurer à l'aune de cette seule existence terrestre. »

Un sage prit la parole et dit : « Cultivez l'humilité. Être humble, ce n'est pas avoir une mauvaise opinion de soi, c'est avoir une juste opinion de soi-même et être à sa place. Être humble, c'est savoir qu'on est toujours perfectible, qu'on a encore besoin de progresser, qu'on a besoin des autres. L'orgueilleux, au contraire, pense n'avoir besoin de personne. Il se croit supérieur aux autres et a une fausse image de lui-même. Bien souvent, l'orgueilleux commet de grandes erreurs de jugement, car il est aveuglé par le soleil de son ego. L'orgueilleux est ridicule. »

Un sage prit la parole et dit : « Cultivez le contentement et la sobriété. Peu de choses suffisent au bonheur de l'homme. Or nous sommes devenus esclaves de notre convoitise qui nous fait désirer toujours plus. L'exaspération du désir rend l'homme perpétuellement insatisfait. Apprenez à vous contenter de ce que vous avez déjà et débarrassez-vous de tout ce qui est superflu. Retrouvez le goût des choses simples et ne cherchez pas à posséder ce que les autres possèdent. Voilà une des grandes clés du bonheur ! »

Un sage prit la parole et dit : « Cultivez la gratitude. Remerciez la vie pour tout ce qu'elle vous donne de bon. La santé, l'amour, l'amitié, le travail. Et lorsque vous perdez ces choses précieuses, remerciez encore la vie des obstacles qui vous sont envoyés pour vous faire grandir, pour vous apprendre l'humilité ou le détachement, pour vous faire voir ce que vous ne vouliez pas voir. Vivre dans la gratitude, c'est vivre le cœur grand ouvert, en résonance avec l'Âme du monde. Alors tout est grâce. »

Un sage prit la parole et dit : « Cultivez la prudence. Ne soyez pas téméraires, impulsifs. Réfléchissez avant d'agir et mesurez les conséquences de vos actes. Mais la prudence n'est ni l'absence d'audace ni la frilosité. Être prudent signifie simplement faire preuve de lucidité et de responsabilité avant d'agir. Ce qui peut éviter bien des déboires. »

Un sage prit la parole et dit : « Cultivez la tempérance, cette juste mesure dans les plaisirs des sens. Évitez les deux extrêmes de l'ascétisme et de la débauche. L'ascète et le débauché ne respectent pas leur corps. Le premier le détruit par le manque et le second par l'abondance. »

Un sage prit la parole et dit : « Cultivez la patience. La vie nous éduque à la patience. Elle nous apprend à savoir attendre le bon moment pour agir, la maturation du temps pour récolter, la vertu de l'attente. La brûlure de l'impatience nous fait commettre bien des erreurs et nous plonge dans un état d'agitation intérieure qui trouble notre esprit. De même, cultivez la persévérance, c'est-à-dire la patience dans le travail et dans l'effort. Agissez avec constance jusqu'au but que vous vous étiez fixé et ne cédez pas au moindre obstacle ou découragement. »

Un sage prit la parole et dit : « Cultivez l'esprit de service. Il n'y a aucune honte à servir les autres. Au contraire, l'homme noble aime servir le monde. Il aime mettre ses dons et ses capacités au service d'autrui et de la vie. Mais fuyez l'esprit de domination qui maintient l'homme dans l'esclavage de son ego. Celui qui aime dominer détruit son âme car il la nourrit du malheur d'autrui, de l'asservissement du monde et de la destruction de la vie. Un ancien Maître de la sagesse disait : “À quoi sert à l'homme de conquérir l'univers, s'il vient à perdre son âme ?” »

Un sage prit la parole et dit : « Cultivez le pardon et la miséricorde. Il est difficile d'être toujours juste, vrai, bon, fidèle, vertueux. Nous chutons parfois et avons du mal à mettre en actes nos principes. Il nous arrive de blesser les autres et nous avons besoin de leur pardon pour permettre à la relation de continuer de grandir. Apprenons de même à pardonner et donnons toujours une chance à celui qui regrette son acte. La vie agit de même pour nous. Elle est miséricordieuse et nous donne toujours plusieurs chances. Le pardon et la miséricorde ouvrent encore plus notre cœur. Une blessure transformée par l'amour du pardon devient source d'une vie nouvelle. »

Un sage prit la parole et dit : « Cultivez la tolérance. Ne soyez pas convaincus que vous seuls possédez la vérité. Le monde est divers, les sensibilités sont variées et ce qui est bon pour l'un ne l'est pas forcément pour l'autre. De même, ce qui est tenu pour vrai dans telle culture n'est pas forcément vrai dans telle autre. L'esprit de tolérance nous permet d'élargir notre compréhension de la vie et du monde. Il ne signifie pas pour autant que tout se vaut. La démocratie vaut mieux que la tyrannie, la justice que l'injustice, l'amour que la haine. Mais il y a parfois des manières différentes de vivre et de comprendre certaines vérités universelles, sans pour autant les contredire. Quant aux vérités ultimes, celles qui concernent Dieu ou l'Absolu, nul ne peut en avoir une claire compréhension, nul ne peut prétendre les posséder, car elles échappent à notre entendement. Ce qui est transmis dans chaque culture ou civilisation n'est toujours qu'un point de vue partiel et limité. Ceux qui sont enfermés dans une posture dogmatique sont sûrs du contraire et leur cœur ne peut accueillir la vie avec humilité et autrui dans un véritable respect. »

*

* *

Cette nuit-là, le sage qui avait l'esprit troublé depuis le début des enseignements était dans une agitation extrême. Il n'aurait jamais pu prononcer ce dernier enseignement sur la tolérance, tant son âme était divisée. Il ne savait plus quoi penser. La voix revenait de plus belle et le poussait dans ses retranchements : « Comment peux-tu laisser dire que toutes les spiritualités se valent ? La tolérance est un bon sentiment qui fait le lit du relativisme et qui détruit toute vérité religieuse. »

Le sage tenta de répondre à cette objection :

« Mais si chacun de nous est persuadé que sa religion est la seule vraie, il n'y a plus aucun dialogue possible. Seule l'indifférence, le mépris ou la confrontation peuvent encore avoir cours.

— Tu n'y entends rien, reprit la voix. Tu as eu la chance de naître dans la vraie religion, celle que Dieu a révélée à ses élus. Toutes les autres sont incomplètes et imparfaites, même s'il a pu parfois les inspirer. Et toi, ingrat, tu renies cette chance inouïe que la vie t'a accordée pour te livrer à ce simulacre de dialogue universel ! Tu en rendras compte au jour du Jugement. »

Le sage trembla de tout son être. La peur entra en lui.

« Je peux tout arrêter et partir dès demain…

— À quoi cela servirait-il ? reprit la voix. Il ne reste que deux jours d'enseignement et les autres, qui ne connaissent pas la Vérité, continueront sans toi cette œuvre impie.

— Il est donc trop tard ?

— Ces deux enfants représentent un grave danger, surtout le petit Tibétain dont l'esprit est entraîné. C'est lui qui transmettra dans le futur ce message impur, ce relativisme pernicieux qui dupera le cœur même des Élus.

— Mais que puis-je encore faire ?

— Tu le sais, mais tu n'oses te l'avouer. Il faut arrêter le mal en utilisant des moyens à la hauteur de la faute commise. Enlève la vie à ce garçon et tout sera réparé.

— C'est impossible ! s'exclama le sage. Le Dieu que j'honore est le Dieu de la vie. Il est un Dieu de miséricorde qui réprouve le meurtre !

— Il est aussi un Dieu de justice et de vérité. Un Dieu tout-puissant, seigneur des armées, qui dans le passé a guidé les armes des croyants pour détruire les infidèles. Relis le Livre saint ! Ce Dieu n'a jamais interdit de tuer lorsque la vraie foi était menacée. Qu'est-ce que la vie d'un humain à côté de la Vérité éternelle ? »

Le sage s'effondra sur son lit, l'âme bouleversée. Il tremblait d'angoisse. Il resta un long moment figé, puis il se redressa. Il vit un fin couteau à la lame tranchante posé sur la table. Il s'en saisit et sortit de sa cellule.

Il était calme et marchait tel un funambule, le regard fixe et les yeux exorbités. Il pénétra doucement dans la petite chambre de Tenzin. La lumière de la lune éclairait faiblement la pièce. Il s'approcha de l'enfant qui dormait paisiblement, allongé sur le dos. Il tenait fermement le couteau dans sa main droite. « Il suffira de lui percer la gorge… il ne sentira rien », pensa-t-il. Il se pencha sur le visage de Tenzin et le regarda. Il posa doucement la pointe du couteau sur la peau du jeune lama. Il hésita.

« Vas-y, que ta main ne tremble pas, lui dit la voix. Et ton âme sera sauvée. » Mais il ne parvenait à obéir à cette injonction intérieure. Une autre voix lui disait : « Comment peux-tu attendre ton salut du meurtre d'un innocent ? Quel est ce Dieu que tu sers et qui réclame le sang des enfants pour ne pas perdre Son pouvoir ? » Son âme était déchirée. Il ne savait plus quelle était la voix de la vérité. Mais plus il regardait l'enfant, plus son cœur était ému. Il réalisa qu'il s'était attaché à ce jeune garçon au cœur pur. « Non ! se dit-il en frémissant, jamais je ne pourrai tuer au nom de ma foi. Mieux vaut encore brûler en enfer ! » À l'instant même, il vit un serpent ramper sur le sol et venir sur la couche de l'enfant, tout près de sa tête. Alors il comprit d'où venait la voix qui lui avait ordonné de tuer. Il comprit que son âme avait été séduite par l'éternel tentateur, par la face obscure de la force qui gouverne le monde. D'un geste vif il trancha la tête du serpent.

Tenzin se réveilla en sursaut. Il vit le sage penché sur lui, un couteau dans la main, le visage en larmes. Il vit aussi le serpent mortel qu'il venait de décapiter. « Tu m'as sauvé la vie ! » Le sage laissa tomber son arme et serra l'enfant de toutes ses forces : « Et toi, tu m'as redonné la vie ! Tu as aidé mon cœur à passer de la peur à l'amour. »

Sixième jour

Ici et maintenant
De l'art de vivre

Le soleil du matin escalada la montagne. L'air était d'une grande pureté et on pouvait contempler le paysage sur des centaines de kilomètres. Les oiseaux, plus nombreux qu'à l'habitude, dansaient dans l'azur et leurs cris retombaient sur les hommes tels des mantras célestes. Un doux parfum d'encens et de jasmin embaumait la terrasse. Un sage prit alors la parole et dit : « Écoutez, ô enfants des hommes, le sixième noble enseignement sur le juste comportement. Vivre est un art. Il faut apprendre à vivre. Adopter les attitudes justes pour progresser et se réaliser pleinement.

Fuyez les extrêmes. La sagesse est dans la mesure et dans la subtilité. Le monde n'est ni à conquérir ni à mépriser ; la vérité n'est ni blanche ni noire ; le corps et la matière ne doivent être ni adulés ni rejetés. Comme disait un ancien Maître de la sagesse : “La vertu réside dans le juste milieu, entre deux extrêmes.” »

Un sage prit la parole et dit : « C'est ainsi qu'il faut concevoir notre relation aux personnes et aux choses : un juste équilibre entre attachement et détachement. Il est tout à fait naturel que nous nous attachions à ceux que nous aimons. Il n'y a pas d'amour sans attachement. Mais il nous faut aussi apprendre à cultiver l'esprit de détachement, qui nous rappelle que nul être ne nous appartient, que chaque personne suit sa propre destinée. Ne laissons jamais le poison mortel de la possessivité envahir notre âme. Si nous ressentons de la jalousie, ce qui est aussi naturel, travaillons sur le détachement. Et acceptons l'idée de la séparation. Demain, celui ou celle que nous aimons devra peut-être nous quitter ou mourir. Il nous faut donc apprendre à nous attacher de tout notre cœur aux êtres qui nous sont chers, tout en cultivant le détachement de l'esprit, qui crée une certaine distance avec nos émotions et nous rappelle sans cesse que tout est impermanent, éphémère, que nul ne nous appartient. Gardons aussi à l'esprit que nous sommes seuls, que nous sommes nés seuls et que nous mourrons seuls. Ne cherchons pas à fuir cette solitude existentielle en nous attachant de manière excessive, dans une sorte de fusion, avec un autre être. Sachons que nous devrons tôt ou tard être séparés et apprenons à aimer en nous attachant de manière juste.

Il en va de même pour tout : profitons de ce que la vie nous donne d'agréable – santé, maison, travail, honneur – mais ne nous y attachons pas de manière excessive. Soyons prêts à perdre ce qui nous a été donné. Cette attitude juste procure ce qu'on appelle l'"équanimité" : une distance sereine face aux événements de la vie, agréables ou douloureux. Celui qui parvient à cette équanimité est le plus libre des hommes. Rien ne peut atteindre sa sérénité. Il pourra certes ressentir tristesse et colère, plaisir et déplaisir, crainte et espoir, mais plus rien ne troublera le fond de son âme, qui demeure dans la paix. Plus aucune émotion ne le submergera au point de lui faire perdre cette joie et cet amour qui le relie à l'Âme du monde.

Un conquérant sans pitié ni scrupules s'avançait avec ses troupes dans un pays ravagé. Tous les habitants fuyaient devant lui. Ceux qui restaient, trop malades ou trop vieux pour se déplacer, les envahisseurs les massacraient, faisant partout place vide. Le conquérant franchit la porte d'un monastère abandonné, traversa la cour, entra dans plusieurs cellules inoccupées et soudain s'arrêta. Un moine d'une cinquantaine d'années se tenait là, assis en lotus, immobile et calme, les yeux mi-clos. Le conquérant s'avança alors vers le moine qui semblait ne pas le voir, tira son sabre, en plaça le tranchant sur la gorge du moine et lui dit : "Tu cherches à me braver ? Tu prétends ne pas avoir peur ? Ne sais-tu pas qui je suis ? Ne sais-tu pas que je peux te transpercer avec ce sabre sans même cligner de l'œil ?"

Le moine ouvrit les yeux, regarda tranquillement l'homme redoutable et lui dit : "Et toi ? Ne sais-tu pas qui je suis ? Ne sais-tu pas que je peux me laisser transpercer par ton sabre sans même cligner de l'œil ?" »

Un sage prit la parole et dit : « Pour entendre la musique de l'Âme du monde, nous avons besoin de silence. Si notre esprit est sans cesse préoccupé, agité, actif, il ne pourra avoir accès à sa source profonde. Accordons à notre esprit chaque jour des moments de calme. De ce profond silence jailliront les plus beaux fruits de l'âme : paix, douceur, joie, amour, compréhension, lumière. Le recueillement est la respiration de l'âme. Car notre esprit a autant besoin de silence que notre corps a besoin d'air. Combien d'âmes étouffent dans la vie moderne trépidante et ne peuvent trouver l'espace et le calme nécessaires à leur équilibre et à leur croissance ! »

Un sage prit la parole et dit : « Lorsque l'âme se relie à sa source, elle peut entrer en dialogue avec elle de nombreuses manières : ce que les religions appellent "prière". Le dialogue avec la source peut prendre la forme de l'adoration pour les croyants qui vénèrent un Dieu personnel. Cette reliance au divin nourrit et fortifie l'âme des croyants, plus que tout rituel ou acte religieux extérieur. La prière peut aussi prendre la forme de demande ou de louange. Elle peut rester aussi un "cœur à cœur" silencieux dans lequel l'homme savoure l'amour qui émane de l'Âme du monde, quel que soit le nom qu'il lui donne. Nul besoin de croire en Dieu ou en une quelconque divinité pour prier, pour remercier, pour demander, pour sentir son cœur vibrer à l'unisson du Cœur du monde. Toute parole, toute pensée, tout regard adressé à la force mystérieuse qui anime l'univers nous relie à l'Âme du monde et porte des fruits. »

Un sage prit la parole et dit : « Lorsque vous êtes relié à l'Âme du monde, celle-ci vous inspire des idées soudaines que nous appelons "intuitions". L'intuition est là pour nous guider au-delà de la logique rationnelle. Lorsque cette dernière est insuffisante pour évaluer une situation, l'intuition peut nous avertir d'un danger, nous guider dans une voie nouvelle, nous indiquer le caractère positif ou négatif d'une rencontre. L'intuition peut prendre aussi la forme d'une inspiration artistique ou intellectuelle. L'Âme du monde inspire à l'artiste ou au penseur une forme ou une idée. Apprenez à développer ce sens intérieur en vous reliant à votre source. Accueillez les inspirations créatrices. Laissez-vous guider par votre intuition. Vérifiez-la sur de petites choses et vous apprendrez progressivement à la reconnaître et à l'écouter. Vous pourrez alors l'utiliser pour des choix plus essentiels. »

Un sage prit la parole et dit : « Soyez vigilants, ô enfants des hommes, à toutes vos pensées. Elles sont aussi importantes que vos actions. Les pensées créent une énergie et expriment une intention. Cette énergie et cette intention ne sont jamais sans effet, tant à l'intérieur de vous-même, que dans l'univers. Une mauvaise pensée contre une personne, par exemple, a des répercussions, tant pour elle que pour vous-même. La personne peut être atteinte et blessée sans qu'aucun acte n'ait été posé, ni aucune parole prononcée. De même votre âme sera assombrie par l'énergie négative produite par la pensée. À l'inverse, une pensée aimante et positive pourra aider une personne à distance et rendra votre âme plus lumineuse. Les pensées que vous formulez à l'égard de vous-même ou de votre vie ont les mêmes effets positifs ou négatifs. Plus vous “broyez du noir”, et plus votre vie ira mal. Mais développez des pensées positives, optimistes, confiantes, et votre existence s'embellira, des événements heureux surgiront, des difficultés se résoudront. »

Un sage prit la parole et dit : « Une jeune fille, effrayée par la violence du courant, n'ose pas traverser la rivière à gué. Un vieux moine lui propose de la porter sur l'autre rive, sous les yeux réprobateurs d'un jeune moine. La jeune fille accepte. À la fin de la journée, lorsqu'ils arrivent en vue du monastère, le jeune moine dit à l'ancien : "Ce que tu as fait est honteux et interdit par notre règle !

— Qu'est-ce qui est honteux ? Qu'est-ce qui est interdit ?

— Comment ? Tu as oublié que tu as porté une belle jeune femme ?

— Ah oui…, se souvient le vieux moine en riant. C'est vrai. Mais il y a plusieurs heures que je l'ai laissée sur l'autre rive, tandis que toi, tu la portes toujours sur ton dos !" »

Un sage prit la parole et dit : « Si nos pensées sont puissantes, nos paroles le sont aussi. Elles peuvent produire des dégâts et des miracles. Une seule parole peut anéantir une vie, comme lui redonner sens. La puissance du verbe est telle que des hommes qui savent le dominer peuvent entraîner des foules à leur suite, soulever des peuples entiers, bouleverser ou asservir des âmes. Apprenez, ô enfants des hommes, à maîtriser vos paroles. Pensez aux conséquences de vos propos.

Un homme rend visite à un vieux sage : "Maître, je dois te raconter comment se conduit ton disciple.

— Je t'arrête tout de suite ! interrompt le sage. As-tu passé ce que tu veux me dire à travers les trois tamis ?

— Trois tamis ? dit l'homme étonné.

— Tes propos doivent passer par les trois tamis. Le premier est celui de la vérité. As-tu vérifié si ce que tu veux me dire est vrai ?

— Non, je l'ai entendu dire et…

— Bon, alors tu as certainement fait passer tes propos à travers le deuxième tamis, celui de la bonté. Si ce n'est pas tout à fait vrai, ce que tu veux me dire est sans aucun doute quelque chose de bon ?

— Non, bien au contraire…

— Hum, passons tes propos au troisième tamis : est-ce que ce que tu as à me dire est utile…

— Utile ? Pas vraiment…

— Eh bien, conclut le vieux sage en souriant, si ce que tu as à me dire n'est ni vrai ni bon ni utile, je préfère ne pas l'entendre. Et quant à toi, je te conseille de l'oublier." »

Un sage prit la parole et dit : « Soyez donc vigilants à vos pensées et à vos paroles, mais efforcez-vous aussi d'avoir des actes et un mode de vie justes. Car bien des hommes ont des pensées justes et tiennent de bonnes paroles, mais ne parviennent pas à conformer leurs actions à leurs pensées et à leurs paroles. Il est plus facile d'être sage en esprit qu'en actes. Il n'y a sans doute rien de plus difficile que de mettre parfaitement en cohérence nos pensées, nos paroles et nos actes. Soyez donc vigilants et interrogez-vous chaque soir : "Ai-je agi aujourd'hui en conformité avec mes convictions, mes intentions, mes principes de vie ?" Interrogez-vous aussi sur votre manière de vivre : "Est-elle bonne, juste, équilibrée ?" Quelle place accordez-vous chaque jour aux nécessaires soins du corps et de l'âme ? Au partage avec les autres ? »

Un sage prit la parole et dit : « Un vieux roi vient de mourir. Son fils unique monte sur le trône pour lui succéder. Conscient de son ignorance, il convoque les hommes les plus savants du royaume. Il leur demande de voyager à travers le monde pour rapporter toute la science et toute la sagesse connues à cette époque. Ils reviennent seize ans plus tard chargés de livres de toutes langues. Le roi réalise qu'une seule vie ne pourrait lui suffire pour tout lire, tout apprendre, tout comprendre. Il demande donc aux érudits de lire ces livres à sa place, puis d'en tirer l'essentiel et de rédiger pour chaque science un ouvrage accessible.

Seize années passent encore avant que les savants constituent pour le roi une bibliothèque faite des seuls résumés de toute la science et de toute la sagesse humaine. Le roi devenu vieux comprend qu'il n'aura pas le temps de lire et d'intégrer tous ces ouvrages. Il prie donc les savants d'écrire un article par science, en allant à l'essentiel. Huit années passent. Fatigué et malade, le roi demande à chacun de résumer rapidement son article en une phrase. Quatre années furent encore nécessaires pour cette tâche.

À la fin, un seul livre est écrit qui contient une seule phrase sur chacune des sciences et des sagesses du monde. Au vieux conseiller qui lui apporte l'ouvrage, le roi mourant murmure : "Donne-moi une seule phrase qui résume tout ce savoir, toute cette sagesse. Juste une seule phrase avant que je ne meure !

— Sire, dit le conseiller, toute la sagesse du monde tient en deux mots : Vivre l'instant." »

Un sage prit la parole et dit : « Aucune expérience n'est profitable si elle n'est pas vécue avec attention dans l'instant présent. Les défauts d'attention entraînent des difficultés physiologiques, émotionnelles et nous limitent dans notre développement spirituel. Entraînez-vous à maîtriser votre attention : soyez présents à tout ce que vous faites. Cette vigilance à vivre "ici et maintenant" réglera bien des problèmes physiques et émotionnels, mais ouvrira aussi vos cœurs, améliorera vos relations avec les autres, vous fera vivre des expériences spirituelles fortes. Car la qualité d'attention que nous mettons en œuvre se répercute sur les rythmes électriques du cerveau, ce qui a des répercussions sur tout l'organisme : tension musculaire, rythmes cardiaque et respiratoire… mais aussi perception, mémoire, bien-être.

La qualité de notre présence au monde est déterminante pour tout notre équilibre émotionnel, psychologique et spirituel. Et c'est aussi en étant vraiment là, absorbé dans la rencontre avec les autres ou avec le monde, que l'on savoure l'Âme du monde.

Être attentif, dans l'instant présent, à ce que nous faisons, à ce que nous ressentons, avec qui nous sommes : voilà une des clés les plus importantes de la vie bonne. »

*

* *

La fin des enseignements était proche. À la veille de ce septième et dernier jour, tous ressentaient à la fois joie et tristesse. Joie et soulagement d'avoir pu mener à terme cet exercice difficile et de pouvoir repartir chez eux. Tristesse d'avoir bientôt à se quitter. Car de multiples liens s'étaient créés entre eux, au fil des jours et des événements tragiques ou heureux. Tous avaient été transformés. Leur cœur et leur esprit avaient changé. Pour chacun d'entre eux, plus rien ne serait comme avant. Cette avant-dernière nuit fut particulièrement calme, jusqu'à ce que, juste après minuit, les chiens se mettent soudainement à hurler à la mort. Les moines et les sages se levèrent et découvrirent un phénomène incroyable : une lumière bleutée illuminait la voûte céleste. Il faisait jour comme au petit matin, alors qu'on était en plein milieu de la nuit. Le phénomène dura une bonne heure, puis s'estompa progressivement, et la nuit redevint noire, car il n'y avait pas de lune.

Au matin, la mine fatiguée, les sages parlèrent de cet événement nocturne. Ansya fit part d'un songe inquiétant où elle avait vu le soleil s'obscurcir en plein jour et la montagne blanche fondre soudainement, engloutissant le monastère sous un déluge de neige. Les sages se dirent qu'il était temps que leur enseignement se termine, car tous ces signes indiquaient sans doute l'imminence de la grande catastrophe. C'est dans un climat aussi solennel qu'au premier jour qu'ils livrèrent aux deux enfants l'ultime clé de la sagesse.

Septième jour

Le bonheur et le malheur sont en toi

De l'acceptation de ce qui est

Un sage prit la parole et dit : « Écoutez, ô enfants des hommes, le septième noble enseignement sur l'acceptation de ce qui est. L'attitude la plus importante, la voie royale, celle qui est le couronnement de la sagesse, c'est d'acquiescer à la vie. C'est d'accepter le réel. Ne pas refuser ce qui se présente. Certaines choses peuvent et doivent être changées. Mais commençons par dire “oui” à la vie. Une maladie survient : acceptons-la et faisons ce qu'il faut pour guérir. Nous pouvons à juste titre ressentir colère et tristesse, mais dépassons-les. Nous n'aimons pas tel trait de notre physique ou tel défaut de notre caractère ? Commençons par nous accepter et nous aimer tels que nous sommes, tels que la vie nous a dotés. Mettons ensuite en œuvre ce qu'il est possible de faire pour changer ce trait disgracieux ou améliorer ce défaut. Parfois nous sommes impuissants, car certaines choses ne dépendent pas de nous. Cela nous pousse à apprendre le “lâcher-prise”, à ne pas vouloir tout contrôler, à grandir dans la confiance, dans le détachement, dans l'humilité, dans la sérénité, dans l'amour. »

Un sage prit la parole et dit : « Bien souvent, nous rejetons la vie et nous croyons que c'est elle qui nous rejette. Lorsqu'une maladie ou une épreuve survient, nous sommes en colère contre la vie. Pourtant il arrive parfois que cette difficulté soit la conséquence de nos propres actes ou qu'elle nous soit envoyée pour nous faire bouger. C'est parce que nous nous sommes fermés à la vie, au changement, au réel, que bien des obstacles surgissent. Ils sont là pour nous faire évoluer. Pour nous faire prendre conscience que quelque chose n'est pas juste dans notre existence. Que nous avons refoulé dans notre inconscient un événement que nous refusons d'admettre. Mais au lieu de lire ces obstacles comme des signes de la vie, trop souvent nous nous fermons dans le refus et la crispation. Alors la souffrance ne fait qu'empirer. »

Un sage prit la parole : « Un ancien Maître de la sagesse a dit : "Ne demande pas que les événements arrivent comme tu le souhaites, mais souhaite-les comme ils arrivent et tu seras heureux." »

Un sage prit la parole et dit : « Ce ne sont pas les éléments extérieurs qu'il faut chercher à changer, mais nos pensées et nos croyances qui conditionnent en grande partie ce qui nous arrive. "Nous sommes ce que nous pensons", disait un ancien Maître de la sagesse. Nos croyances et nos pensées influent de manière décisive sur le cours de notre existence. Bien souvent, ce que nous croyons ou ce que nous pensons devient notre réalité. Et nous filtrons aussi le réel en ne percevant en lui que ce qui vient confirmer nos croyances. Un homme pessimiste voit partout dans le monde des signes négatifs qui confirment son pessimisme. Un homme optimiste voit partout des signes d'espoir qui confirment son optimisme. Et la force de nos croyances ira jusqu'à produire des événements qui les confirmeront. Un homme craintif a beaucoup plus de chances de se faire agresser qu'un homme sans peur ; un homme complexé de se faire rejeter qu'un homme sûr de lui. C'est notre vision de nous-mêmes et du monde qui conditionne une bonne part des événements qui nous arrivent.

Un homme imbu de lui-même fait couvrir de miroirs les murs et le plafond de sa chambre. Aimant s'y enfermer pour y contempler son image, il en ressort chaque fois plein d'assurance, prêt à affronter le monde. Un matin, il quitte la pièce en oubliant de refermer la porte. Son chien y entre. Voyant d'autres chiens, il les renifle, grogne, menace ; comme les reflets le menacent aussi, il se rue sur eux en aboyant furieusement. Combat violent : les batailles contre soi-même sont les plus terribles ! Le chien meurt d'épuisement. Un sage passe par là tandis que le maître du chien, attristé, fait condamner la porte de la chambre.

— “Laissez ouverte cette pièce, lui dit-il. Elle a beaucoup à vous apprendre.

— Que voulez-vous dire ?

— Le monde est aussi neutre que ces miroirs. Selon que nous sommes admiratifs ou peureux, il nous renvoie ce que nous lui donnons. Soyez heureux, le monde l'est. Soyez anxieux, il l'est aussi. Nous y combattons continuellement nos reflets et nous mourons dans la lutte contre nous-mêmes. Écoutez ceci : dans chaque être et chaque instant, heureux ou douloureux, facile ou difficile, nous ne voyons jamais que notre seule image." »

Un sage prit la parole et dit : « Accepte les grandes lois de la vie et rien ne te troublera. La première, c'est que tout acte produit un effet : tu récoltes souvent ce que tu as semé. Consciemment ou inconsciemment, par tes actes ou par tes pensées, en cette vie, ou peut-être en une autre. N'accuse pas la vie ou les autres. La seconde, c'est que tout est impermanent, éphémère, en perpétuel changement. Ne te crispe pas sur une illusion de stabilité et de sécurité. Accepte le changement, l'incertitude, la mort. Alors ton cœur sera toujours en paix. »

Un sage prit la parole et dit : « On ne progresse pas malgré les épreuves et les difficultés quotidiennes, mais grâce aux épreuves et aux difficultés quotidiennes. De la même manière qu'on passe d'un étage à un autre non pas à cause des marches, mais grâce à elles. Les obstacles sont des marches qui nous font monter. Ne soyons pas les victimes des événements extérieurs, mais leurs disciples. »

Un sage prit la parole et dit : « Apprenez à ne rien refuser de la vie. Le refus apporte bien plus de douleur que l'acceptation. Vous supporterez mieux une souffrance physique en acceptant de la vivre qu'en la rejetant. Coulez-vous dans la souffrance, laissez-vous envahir par elle comme on se laisse envahir par le froid au lieu de lutter inutilement contre lui. Étrangement, la douleur diminuera. Observez aussi la douleur comme faisant partie d'une globalité plus vaste que cette douleur. Accueillez-la, diluez-la dans le vaste vase de la conscience et elle deviendra plus supportable. »

Un sage prit la parole et dit : « Ne rejetez pas la part d'ombre, de brouillard, de ténèbres, que vous portez en vous. En la niant ou en voulant la maîtriser de manière trop volontaire ou rigide, vous ferez croître sa force. Vous assisterez un jour au retour violent, sous forme d'acte compulsif ou de maladie, de l'obscur et du refoulé. Accueillez tout ce qui est en vous et intégrez-le à votre conscience dans une véritable acceptation de ce qui est. Puis travaillez à vous transformer, dans la confiance et dans l'amour. »

Un sage prit la parole et dit : « Apprenez à accueillir et à aimer vos fragilités. La faille de l'être, c'est la béance par laquelle la vie nous relie les uns aux autres par l'amour. Ne nous relions pas seulement aux autres par la synergie de nos forces et de nos dons, mais aussi, et surtout, par la complémentarité de nos manques et de nos faiblesses. La vie veut que nous ayons besoin les uns des autres et que nous puissions nous soutenir dans l'amour. L'Âme du monde a fait ainsi : chaque être est doté d'un don qui lui permet d'être un soutien, une consolation ou une lumière pour les autres ; mais aussi d'une faille, d'une fêlure, d'une fragilité, qui réclame l'aide d'autrui. »

Un sage prit la parole et dit : « Une vieille femme possède deux grands pots, chacun suspendu au bout d'une perche, qu'elle transporte sur son épaule pour aller chercher de l'eau. À la fin de sa longue marche, du puits vers la maison, l'un des deux pots, fêlé, n'est plus qu'à moitié rempli d'eau. Le pot intact est très fier de lui. Mais le pauvre pot fêlé, lui, a honte de son imperfection, triste de ne pouvoir faire que la moitié de son travail. Au bout de deux années, il s'adresse à la vieille dame, alors qu'ils sont près du puits. "J'ai honte, car ma fêlure laisse l'eau goutter tout le long du chemin vers la maison." La vieille femme sourit : "As-tu remarqué qu'il y a des fleurs sur ton côté du chemin, alors qu'il n'y en a pas de l'autre côté ? Comme j'ai toujours su ta fêlure, j'ai semé des graines de ton côté du chemin. Chaque jour, sur le chemin du retour, tu les as arrosées. Pendant deux ans, grâce à toi, j'ai cueilli de superbes fleurs pour décorer ma table." »

Un sage prit la parole : « "Le monde, vase spirituel, ne peut être façonné. Qui le façonne le détruira, qui le tient le perdra", a dit un ancien Maître de la sagesse. L'homme moderne a la prétention de vouloir totalement contrôler sa vie et son environnement. Or c'est parce qu'il veut dominer le monde que le monde lui échappe et se révolte à travers maints désordres naturels. Et c'est parce qu'il veut tout maîtriser de sa vie que sa vie lui échappe à travers le développement de nombreuses maladies physiques et psychiques. »

Un sage prit la parole et dit : « Ne recherchons jamais la souffrance, comme le font certains hommes religieux à travers diverses mortifications du corps. Elle viendra tôt ou tard à nous. L'attitude qui consiste, inversement, à tout faire pour éviter la souffrance est aussi négative, car elle nous empêche de vivre pleinement. Nous ne prenons aucun risque. Nous évitons tout ce qui peut nous blesser. Nous ne faisons aucun effort coûteux. Notre vie devient alors étriquée et la joie de vivre disparaît. Beaucoup d'hommes sont malheureux parce qu'ils préfèrent rester dans un malheur confortable et indolore que d'accepter certains sacrifices, efforts ou choix douloureux sur l'instant, qui leur permettraient d'accéder à un bonheur beaucoup plus grand. De même qu'un malade doit parfois accepter de subir une opération pénible ou boire un remède amer pour obtenir la guérison de son corps, de même l'homme doit comprendre que les obstacles de la vie peuvent être des remèdes envoyés par le destin pour guérir ou fortifier son âme. »

Un sage prit la parole et dit : « Il n'y a pas de métamorphose sans douleur. Pour vivre de grandes joies, il faut prendre le risque de traverser de grandes peines. »

Un sage prit la parole et dit : « Notre vie est tissée de fils visibles et invisibles. Nous n'en voyons que les fils visibles et nous nous insurgeons parfois contre la malchance ou le destin. Mais si nous pouvions en saisir la trame invisible, nous découvririons que tout événement qui nous apparaît défavorable porte de manière cachée un sens profond qui peut nous être bénéfique. Et bien des événements que nous jugeons malheureux nous apparaîtraient comme des chances si nous avions la connaissance de la trame invisible du destin. »

Un sage prit la parole et dit : « Voici l'histoire d'un roi dont l'excellent serviteur a pour manie de dire en toute circonstance : “Tout est pour le mieux”, ce qui agace le roi. Un jour, le roi se blesse au doigt en coupant une branche. Voyant cela, son serviteur ne peut s’empêcher de dire : “Tout est pour le mieux, ô mon roi.”

Exaspéré, le roi l’emmène près d’un puits à sec.

“Je m’en vais te jeter dans ce puits, hurle-t-il, qu’en penses-tu ?

— Tout est pour le mieux”, répond le serviteur, imperturbable.

Fou de rage, le roi le jette dans le puits. Bientôt, il se retrouve cerné par un groupe de sauvages, adorateurs d’une redoutable déesse à laquelle ils ont coutume d’offrir des hommes en sacrifice. Le roi est attrapé, ligoté et traîné jusqu’au temple de la déesse pour y être sacrifié. Le prêtre du temple remarque la plaie au doigt du roi et déclare qu’ayant une blessure, le roi est souillé et ne peut être sacrifié. Heureux d’être encore vivant, le roi se souvient des paroles de son serviteur et rebrousse chemin pour l’aider à sortir du puits où il l’avait jeté. Une fois le serviteur tiré d’affaire, il lui confie son aventure et approuve son “tout est pour le mieux” car, sans son doigt blessé, il serait déjà dans l’autre monde. Il est toutefois saisi d’un doute.

“Sage serviteur, ton ‘tout est pour le mieux’, s’est révélé exact pour moi. Mais comment le justifies-tu pour toi ?

— Sire, si vous ne m’aviez pas poussé dans le puits, j’aurais été capturé par ces sauvages et sacrifié à la déesse. Voilà pourquoi, pour moi aussi, tout est pour le mieux.” »

Un sage prit la parole et dit : « Nous ne pouvons pas nous libérer du monde, mais nous pouvons nous libérer de notre monde : la prison de nos croyances et de notre ego. Nul ne peut changer la vie, mais chacun peut changer ses croyances et son vécu. Le bonheur et le malheur sont à l'intérieur de nous. Le paradis et l'enfer n'existent qu'en nous. »

Un sage prit la parole et dit : « Un vieux sage est assis sur le bord de la route, les yeux fermés, les jambes croisées, les mains sur les genoux. Soudain, sa méditation est interrompue par la voix puissante et agressive d'un guerrier. “Vieil homme ! Dis-moi à quoi ressemblent le paradis et l'enfer.”

Le sage ne manifeste d'abord aucune réaction. Puis, peu à peu, il ouvre les yeux et esquisse un sourire, face au guerrier planté devant lui, de plus en plus impatient et agité.

“Tu désires connaître les secrets du paradis et de l'enfer ? Toi, avec ton allure misérable, avec tes bottes et tes vêtements boueux ? Avec tes cheveux hirsutes, ton haleine fétide, ton épée rouillée ? Toi qui es si laid, tu oses me demander de te parler du paradis et de l'enfer ?”

Ivre de colère, le guerrier jure méchamment, sort son épée et la lève au-dessus de la tête du vieil homme. Son visage est cramoisi, les veines de son cou sont gonflées par la haine, alors qu'il s'apprête à trancher la tête du sage.

“Cela, c'est l'enfer”, lui dit doucement le vieil homme. Le guerrier arrête net son geste et reste bouche bée de stupéfaction, de respect, de compassion, devant cet homme qui a risqué sa vie pour lui prodiguer cet enseignement. Ses yeux s'emplissent de larmes d'amour et de gratitude. “Et cela, c'est le paradis !”, conclut le sage. »

Un sage prit la parole et dit : « Écoutez, ô enfants des hommes, la grande vérité de la sagesse éternelle : le chemin consiste à passer de la conscience égotique à la conscience universelle. La conscience égotique est duelle : il y a “moi” et “le monde”. Toute ma vie, je m'efforce de rechercher ce qui nourrit et satisfait mon ego et à fuir ce qui lui déplaît. La conscience universelle est non duelle : il n'y a plus de séparation entre moi et le monde. Dès lors, je quitte la loi mécanique de l'attraction et de la répulsion pour entrer dans la voie libre de l'acceptation de ce qui est. Je dis “oui” à l'être, au réel, à la vie. Je ne recherche plus mon intérêt égoïste dans le monde, je me sens partie intégrante du monde. Je ne dis plus : “Si le monde était bien fait, il répondrait à tous les désirs.” Mais je dis : “Mon seul désir est d'être pleinement présent et ouvert au monde tel qu'il est.” Le lâcher-prise ultime, qui se réalise dans l'attention de chaque instant, c'est celui de l'ego. Je vis alors dans la pulsation de l'Âme du monde.

Celui qui atteint en cette vie – et de manière stable – cet état d'être devient ce que les spiritualités du monde appellent un “délivré vivant”, un “éveillé”, un “sage” ou un “saint”. L'amour devient l'unique force qui meut sa vie. La crainte a disparu. L'espoir et le temps n'existent plus. Il vit dans l'éternel instant de ce qui est. Il n'y a plus que la joie d'être. Et d'être relié à tous les êtres. L'Âme du monde œuvre pour que toutes les âmes accèdent un jour à cet état de réalisation. »

Un sage prit la parole et dit : « Tout le chemin de la vie, c'est de passer de l'ignorance à la connaissance, de l'obscurité à la lumière, de l'esclavage des sens à la liberté de l'esprit, de l'inaccompli à l'accompli, de l'inconscience à la conscience, de la peur à l'amour.

Cette quête, c'est la plus belle aventure qui soit : l'aventure intérieure de la sagesse. Pour cela, peu importe que tu sois riche ou pauvre, humble ou puissant, petit ou grand. La sagesse est offerte à tous. Elle se donne gratuitement. Il suffit juste de la désirer. Et toute la vie t'apparaîtra comme ce qu'elle est : un voyage initiatique.

Allons, mets-toi en marche et va vers toi-même ! Alors l'univers te sourira. »

Troisième partie

ET L'OBSCURITÉ SE FERA SUR TOUTE LA TERRE

1

La grotte

Tenzin marchait en compagnie d'un yack, d'un pas lent et sûr, les yeux fixés sur le sentier pierreux. Il marchait le cœur serré. Au lendemain du septième jour d'enseignement, les sages étaient repartis chez eux. Tous avaient prié une dernière fois ensemble, confiant la destinée des humains à l'Âme du monde. Puis ils avaient pris le chemin du village. Tenzin avait longuement serré dans ses bras chacun d'entre eux. Car chacun d'entre eux était devenu pour lui tel un père ou une mère. Puis il avait fait ses adieux à Natina. Les deux adolescents, parvenant à contenir leur tristesse, se promirent de s'écrire bientôt. Mais dès que la jeune fille eut quitté le monastère, ils pleurèrent l'un et l'autre, car ils craignaient de ne jamais se revoir.

Tenzin eut une intuition : il fallait qu'il s'éloigne lui aussi du monastère. L'image d'un petit ermitage situé dans une grotte, à trois jours de marche, s'imposa à lui. Il se dit qu'il serait bon qu'il parte méditer seul pendant quelques semaines pour intégrer les enseignements. Il demanda son avis à Lama Dorjé. Après un temps d'hésitation, le vieux lama confirma son choix.

Tenzin partit avec un yack chargé d'eau, de farine d'orge et de couvertures.

Au soir du troisième jour, il parvint à l'ermitage. Celui-ci était dressé à l'entrée d'une grotte profonde, qui semblait se perdre dans le ventre de la montagne. Il déchargea le yack et rangea l'eau et la nourriture plus loin dans la cavité. Puis il s'installa, assis en lotus, à l'entrée de la grotte et contempla le paysage qui semblait se perdre à l'infini. Il ferma les yeux, entra dans l'ermitage de son esprit et commença sa méditation.

Il resta ainsi jusqu'au coucher du soleil. Puis il alla au fond de la grotte chercher à boire. C'est alors que le grand événement se produisit.

2

Colère

Un bruit assourdissant, tel un énorme craquement, figea Tenzin de terreur. Le sol se déroba sous ses pieds. La terre tremblait, se fissurait de toutes parts. Bientôt, un déluge de pierres s'abattit sur lui. Il se coucha sur le sol, à l'abri de la paroi. Cela dura très peu de temps, mais ce fut d'une violence inouïe. Puis la terre cessa de trembler et la pluie de roches finit aussi par s'arrêter. Lorsqu'il fut convaincu qu'il n'y avait plus de danger, Tenzin rampa avec précaution jusqu'à l'entrée de la grotte, qui était presque entièrement bouchée par un amas de pierres. Il fut soulagé de trouver une petite ouverture. Il lui tardait de sortir à l'air libre après un tel cataclysme. Mais il ne vit rien d'autre qu'un immense nuage de poussière noire qui emplit progressivement tout le ciel. Il toussa, car l'air était devenu irrespirable, et il rebroussa chemin.

Il resta ainsi dans la grotte à attendre que la poussière retombe. Par bonheur, il avait suffisamment d'eau et de nourriture pour tenir plusieurs semaines.

Il méditait des heures dans l'obscurité, puis allait voir dehors et constatait, jour après jour, que le ciel était toujours plus noir. Dans cette obscurité quasi totale, il finit par perdre le sens du temps et ne savait plus distinguer le jour de la nuit. Ce qui l'impressionnait plus que toute autre chose, c'était le silence qui régnait. Il n'avait jamais entendu un tel silence, comme s'il était le seul être vivant sur terre.

Il pensa à ses amis moines : avaient-ils survécu à ce cataclysme ? Et Natina ? Et les sept sages ? Et tous les êtres vivants ? Il tentait de calmer l'inquiétude de son cœur par des exercices de yoga. Au fil des jours, il rationna sa nourriture et son eau, car il n'avait aucune idée du temps qu'il lui faudrait rester ici.

La poussière obscurcit le ciel pendant quarante nuits et quarante jours. Au matin du quarante et unième jour, il fut éveillé par le chant d'un oiseau. Son cœur bondit de joie : il n'était pas seul au monde ! Il se précipita dehors et put constater que le soleil commençait à percer derrière le rideau de poussière. Mais l'air était encore difficilement respirable. Il sortit de sa tanière quelques jours plus tard. Il contempla un paysage totalement bouleversé : ses chères montagnes avaient disparu, ne restait qu'un indescriptible chaos de pierres. La terre était partout éventrée, le magma grondait dans ces abîmes sans fond.

Que s'est-il passé ? Un tremblement de terre planétaire ? Une comète tombée du ciel ?

Son yack ayant péri sous le déluge de roche, Tenzin repartit seul vers le monastère, se frayant difficilement un chemin à travers les éboulis et les cratères.

La terre était blessée. Quelques oiseaux volaient dans le ciel, mais il n'aperçut aucun animal terrestre. Plus il s'approchait du monastère, plus son cœur était angoissé. Ses habitants avaient-ils pu survivre à un tel cataclysme ?

3

Désolation

La montagne blanche s'était comme effondrée sur elle-même et la neige avait entièrement disparu. Il chercha en vain la falaise où le monastère était suspendu. Tenzin comprit qu'il ne retrouverait aucun survivant, mais sans doute aussi plus un seul vestige de l'édifice. Il s'assit sur un rocher et se mit à pleurer. Il resta là des heures, pleurant ses amis et son vieux maître, ne sachant que faire, ni où aller.

C'est alors qu'un souvenir lui traversa l'esprit. Un jour, une paysanne était venue au monastère, portant sur ses maigres bras le corps de son enfant décédé. Elle était révoltée contre le sort cruel que la vie avait réservé à son enfant. Alors Lama Dorjé lui avait raconté cette histoire qui était resté gravée dans la mémoire du jeune lama.

« Un jour, une femme vint trouver le Bouddha et le supplia de redonner la vie à son fils de cinq ans qui venait de mourir. Assurément, il y avait eu erreur. Cet enfant avait tout à vivre. Pourquoi lui plutôt qu'elle, ou quelque autre de ses parents ? Le Bienheureux lui répondit ceci : "Tu reverras ton fils vivant pourvu que tu mendies pour moi une graine de moutarde, et qu'elle te soit offerte par quelqu'un, homme ou femme, qui n'ait jamais pleuré aucun mort sous son toit." La mère s'en fut donc de maison en maison, de village en village. On lui offrit des graines de moutarde autant qu'elle en voulait, mais elle eut beau marcher, elle ne put trouver demeure que le deuil n'eût jamais frappé. Point de palais ni de cabane, d'auberge ou de grotte d'ermite qui n'ait un jour abrité un défunt. Elle s'en revint bredouille devant le Bienheureux. "Je sais bien, lui dit-elle, à chaque naissance, une mort. C'est la loi, et nul n'y peut rien. Mais sais-tu ce qu'est une mère ? Sais-tu ce qu'elle souffre de voir son enfant mourir sur son sein ? C'est cruel autant qu'injuste. Mon fils n'a pas assez vécu. Mort à cinq ans ! Je dois lui manquer. Il avait tant besoin de moi !

— Nous allons lui demander s'il désire te revenir, répondit le Bouddha. Femme, j'en fais serment. Si c'est sa volonté, il te sera rendu.

Le Bienheureux tendit devant lui les bras et l'esprit du mort apparut couché au creux des maisons. Il avait l'air de sommeiller.

— Enfant, ta mère te demande.

— De qui me parle-t-on ? répondit l'enfant. J'ai vécu tant de vies ! Je fus le fils d'une louve et d'une ânesse grise, fils d'une reine aussi, d'une jeune putain, d'une mendiante folle, de mille paysannes et de tant d'autres encore. Dis, quelle mère veut que je revienne à elle ? Et pourquoi le ferais-je ? Réponds-lui que ma route est longue, et que je ne peux m'attarder."

La mère s'en revint chez elle, le Bouddha à sa méditation, l'enfant à son chemin. »

Tenzin s'apaisa. Le visage de Lama Tokden Rinpoché, considéré comme sa précédente incarnation, s'imposa à lui. Il existait plus bas sur le plateau, à une dizaine de kilomètres, un petit édifice, appelé « chorten » par les Tibétains, où les cendres de Lama Tokden avaient été déposées. Tenzin, qui aimait jadis venir prier en ce lieu, tenta d'en retrouver le chemin. Il eut le cœur serré en voyant ce paysage d'apocalypse, couvert de poussière noire.

Après bien des efforts, il parvint à retrouver le lieu où se trouvait le chorten. Le petit édifice s'était écroulé et était recouvert de poussière noire, mais il était encore identifiable. Tenzin en fut soulagé et décida de reconstruire le bâtiment. Il lui restait encore un peu d'eau et de tsampa, sans doute de quoi tenir une dizaine de jours en se rationnant. Il savait qu'il lui faudrait bientôt quitter les hauts plateaux pour essayer de trouver eau et nourriture dans les vallées. Mais il lui tenait à cœur de rebâtir ce chorten, ultime trace de l'existence du monastère de Toulanka et monument-reliquaire où reposaient les cendres de son dernier grand maître spirituel.

Pendant deux jours, il essuya chaque pierre et reconstitua le puzzle du petit mausolée. Puis, le troisième jour, il fit une incroyable découverte. En dégageant la pierre de base de l'édifice, il comprit qu'elle était creuse. Il glissa sa main dans la petite anfractuosité et en retira une lettre.

Ces mots avaient été écrits par la main même de Lama Tokden. Il en reconnaissait la signature et l'écriture. Le lama avait probablement demandé qu'on la glisse ici après sa crémation. Tenzin fut ému jusqu'aux larmes par cette découverte. Mais le plus incroyable, c'est que cette lettre lui était destinée.

4

La lettre

« Cher Tenzin,

Si tu lis un jour ces mots, c'est probablement que la grande catastrophe qui a hanté mes nuits est arrivée. Survivant à cette épreuve, ton esprit aura été guidé vers eux par le karma, tel l'oiseau capable de retrouver son nid après une migration de milliers de kilomètres. Depuis quelques années, alors que mon corps est malade, mon esprit n'a cessé de s'affiner et j'ai perçu en méditation profonde les événements qui allaient survenir après mon départ de cette terre.

Par sa convoitise sans limites, l'homme est en train de piller et de dérégler l'harmonie qui gouverne le monde. En abîmant la terre, c'est lui-même qu'il condamne. Car le monde et la vie lui survivront, mais lui-même est en train de creuser son propre tombeau. La Nature va bientôt se révolter contre la tyrannie humaine. J'ai vu un puissant cataclysme frapper la terre et détruire une grande partie de l'humanité. Mais j'ai vu aussi des humains survivre çà et là. Ce petit reste d'humanité devra apprendre à vivre sans commettre les erreurs du passé. Or le cœur de l'homme est ainsi fait qu'il risque de reproduire les fautes qui ont entraîné ce désastre.

J'ai compris qu'il me serait nécessaire de revenir sur cette terre pour enseigner aux survivants une autre manière de se comporter. Leur apprendre les fondements universels de la sagesse. Je ne sais comment cela se fera et quelle forme prendra cette transmission. Je sais seulement que mon esprit reviendra encore une fois sur cette terre dans ce but précis. D'autres, ailleurs, auront certainement reçu ce même appel.

J'ai su que je m'appellerai Tenzin lors de cette renaissance. C'est donc à toi, Tenzin, que cette lettre est adressée. Lorsque tu la liras, je ne sais quel âge tu auras et comment sera ton esprit ? Si tu es seul et triste, sache que tu ne le resteras pas longtemps. Ne tarde pas : descends dans les vallées enseigner et consoler les hommes perdus et en quête de repères. C'est en les consolant que ton cœur sera consolé.

Ne t'arrête jamais en chemin. Parcours le monde tant que tu seras en vie. Enseigne inlassablement ce que tu auras appris et mets-le en pratique, car c'est en te voyant vivre et en regardant la lumière de ton regard que les hommes croiront en tes paroles. Les religions du passé ont en partie échoué dans leur mission de convertir le cœur de l'homme, parce qu'elles ont trop souvent préféré asseoir leur emprise sur le monde plutôt que de servir l'humanité. Elles sont trop souvent devenues des lieux de pouvoir au profit des diverses communautés humaines, alors qu'elles devaient être des phares pour le monde entier. La sagesse que tu transmettras ne servira aucun clan, aucune ethnie, aucun peuple, au détriment d'un autre. Elle servira tout être vivant pour l'aider à s'accomplir dans une responsabilité et un amour universels.

Pars, Tenzin. Descends consoler les hommes et les éclairer. Tu n'es pas seul. La force de la Voie et l'amour de tous les êtres éveillés sont avec toi.

Puisse ton cœur demeurer dans la joie. »

Lama Tokden Rinpoché

5

L’espoir

Tenzin sécha ses larmes. Il plia la lettre et la glissa dans sa robe. Il acheva son travail et s’endormit, épuisé, allongé au pied du chorten.

Les premières lueurs de l’aube caressèrent son visage. Il se sentait régénéré. Une force nouvelle l’habitait. Il se mit en marche et descendit vers la vallée. À chaque pas, il repensait aux enseignements qu’il avait reçus. Il revoyait le visage de Lama Dorjé et des autres sages. Il revoyait aussi le visage de ses jeunes amis moines, aujourd’hui tous décédés. Et lorsqu’un voile de tristesse venait jeter une ombre sur son âme, il répétait, tel un mantra, le nom de Natina. Alors son cœur se réchauffait et un vibrant espoir redonnait force à ses pas : retrouver son amie. Dût-il parcourir la terre entière.

Gordes, Boscodon, Porticcio
Hiver 2011-2012

Remerciements

Un grand merci à Dorothée Cunéo, Laurent Deshayes, Véronica Moraes, Patricia Penot et Estelle Boin pour leur lecture attentive du manuscrit et leurs remarques judicieuses.

Merci aussi à Aurélie Godefroy pour son aide précieuse, notamment dans la recherche des contes de sagesse. Sur les centaines qu'elle a collectés, j'en ai conservé une vingtaine. Hormis deux histoires récentes, ces contes sont issus de traditions orales et circulent d'une tradition à l'autre parfois depuis des siècles. Il existe ainsi de nombreuses versions de chaque histoire, chacune portant une coloration religieuse différente : bouddhiste, chrétienne, hindoue, soufie, etc. Pour rester dans l'esprit de ce livre et afin de mieux souligner leur caractère universel, j'ai choisi de reformuler les histoires en enlevant ces colorations culturelles. Les contes des pages 65, 74-75 et 114 sont tirés du *Cercle des Menteurs* de Jean-Claude Carrière (Plon, 1998 et 2008), le conte des pages 139-140 est inspiré d'Henri Gougaud et les contes des pages 116 et 121 du recueil de Martine Quentric-Séguy, *Contes des sages de l'Inde* (Seuil, 2003).

Merci enfin à Dominique, Jean, Maurice et Marie-Beth pour leur accueil chaleureux en cette magnifique abbaye de Boscodon, où ce livre a éclos.

www.fredericlenoir.com

Table des matières

POCKET N° 14698

« Frédéric Lenoir, ce passionné, véritable stakhanoviste doué pour transmettre, met son expérience personnelle au service du lecteur. »

L'Express

Frédéric LENOIR

PETIT TRAITÉ DE VIE INTÉRIEURE

« De tous mes livres de philosophie et de spiritualité, celui-ci est certainement le plus accessible, mais sans doute aussi le plus utile. Car ce n'est pas un savoir théorique que je cherche à transmettre, mais une connaissance pratique, la plus essentielle qui soit : comment mener une vie bonne, heureuse, en harmonie avec soi-même et avec les autres.
Exister est un fait, vivre est un art. Tout le chemin de la vie, c'est passer de l'ignorance à la connaissance, de la peur à l'amour. »

Frédéric Lenoir

Composition et mise en pages
Nord Compo à Villeneuve-d'Ascq

Imprimé en Espagne par
Liberdúplex
à Sant Llorenç d'Hortons (Barcelone)
en juin 2018

POCKET – 12, avenue d'Italie – 75627 Paris Cedex 13

Dépôt légal : août 2014
S24065/07